원리를 아니까 재밌게 하니까

아하

초등학교 글쓰기

2~3학년 ①

겪은 일 쓰기

창비

『아하 초등학교 글쓰기: 2~3학년』으로 학교 글쓰기를 완벽하게 대비하세요!

『아하 초등학교 글쓰기: 2~3학년』은 초등학교 2~3학년에게 꼭 필요한 글쓰기 능력을 키워 주는 책입니다. 학생들이 글쓰기를 어려워하는 이유는 쓸 내용을 생각하고, 그것을 글로 만드는 방법을 단계적으로 배우지 못했기 때문입니다.

이 책은 초등학교 국어과 교육과정을 바탕으로 자신이 겪은 일이나 자기 주변의 대상을 소개하는 글을 쓰는 방법을 단계적으로 연습하는 글쓰기 학습서입니다. 이 책으로 쓸 내용을 떠올리고, 떠올린 내용을 연결해 문장과 문단으로 표현하는 과정을 익히면 누구나 쉽게 글을 쓸 수 있습니다.

> '2022 개정 국어과 교육과정' 초등 2~3학년 쓰기 성취기준
> [2국03-03] 주변 소재에 대해 소개하는 글을 쓴다.
> [2국03-04] 겪은 일을 표현하는 글을 자유롭게 쓰고, 쓴 글을 함께 읽고 생각이나 느낌을 나눈다.
> [4국03-01] 중심 문장과 뒷받침 문장을 갖추어 문단을 쓰고, 문장과 문단을 중심으로 고쳐 쓴다.
> [4국03-02] 절차와 결과가 드러나게 정확한 표현으로 보고하는 글을 쓴다.

2~3학년 1권 한 일을 떠올려 겪은 일 쓰기

1권에서는 겪은 일을 쓰는 과정을 단계적으로 연습합니다. 이를 위해 시간, 장소, 만난 사람을 나누고, 눈, 코, 귀, 입, 손, 발 등으로 무엇을 하였는지 떠올려 봅니다. 그 내용을 서로 연결해 문장으로 쓰면 한 편의 글을 저절로 쓸 수 있습니다. 나아가 단계적으로 익힌 글쓰기 방법을 바탕으로 일기, 편지, 기행문 등을 쓰며 창의적인 표현 능력을 키울 수 있습니다. 이 방법은 쓰기에 관한 '특허 10-1166912', '특허 10-1265169'에 기반한 글쓰기 학습법으로 이미 그 효과가 입증된 것입니다.

2~3학년 2권 특징을 연결하여 소개하는 글 쓰기

2권에서는 소개하는 글을 쓰는 과정을 단계적으로 연습합니다. 이를 위해 좋아하는 물건이나 동물 등 소개할 대상을 떠올리고, 대상의 특징을 모습이나 관련된 경험 등으로 나누어 찾아봅니다. 나아가 단계적으로 익힌 글쓰기 방법을 바탕으로 일기, 편지, 설명하는 글 등을 쓰며 창의적인 표현 능력을 키울 수 있습니다. 이 방법은 쓰기에 관한 '특허 10-1166912', '특허 10-1265169'에 기반한 글쓰기 학습법으로 이미 그 효과가 입증된 것입니다.

이 책의 특징

❶ 나누면 자세히 쓸 수 있습니다.
겪은 일을 표현할 때, 언제(시간), 어디에서(장소), 누구와(만난 사람) 무엇을 하였는지 떠올리면 한 일을 쉽게 떠올릴 수 있습니다. 예를 들어, '하루'를 낮과 밤이나 아침, 점심, 저녁으로 나누고 '낮과 밤에 무엇을 하였는지', '아침, 점심, 저녁에 무엇을 하였는지'를 떠올리면 쓸 내용이 많아집니다. 장소 역시 안과 밖, 또는 더 작은 장소로 나누고, 만난 사람도 가족과 친구, 이웃 등으로 나누어 각각 한 일을 떠올리면 쓸 내용이 풍부해집니다. 이 책은 시간, 장소, 만난 사람을 여러 가지로 나누어 한 일을 많이 떠올릴 수 있도록 구성하였습니다.

❷ 한 일을 다양하게 떠올려 표현력을 높입니다.
내가 겪은 일을 쓰려고 하면, 내가 무엇을 하였는지 구체적으로 떠올리기 쉽지 않습니다. 하지만 눈, 코, 귀, 입, 손, 발로 무엇을 하였는지 생각하면 '아침에 본 것-동화책', '점심에 들은 것-노래', '저녁에 먹은 것-볶음밥' 등으로 한 일을 다양하게 떠올릴 수 있고, '아침에 동화책을 보았다. 점심에 노래를 들었다. 저녁에 볶음밥을 먹었다.'처럼 다양한 문장으로 내가 겪은 일을 표현할 수 있습니다.

❸ 문장을 연결해서 짜임새 있는 문단을 씁니다.
내가 언제, 어디에서, 누구와 무엇을 하였는지를 연결하면 쉽게 문장을 쓸 수 있고, 여러 개의 문장을 연결하면 자연스럽게 문단을 쓸 수 있습니다. 예를 들어, '음악실에서 본 것-북 치는 고양이, 들은 것-둥둥 소리, 흔든 것-탬버린' 등의 한 일을 '음악실에서 북 치는 고양이를 보았다. 둥둥 소리를 들었다. 탬버린을 흔들었다.' 등의 문장으로 쓰고 연결하면, 음악실에서 한 일로 하나의 문단을 완성할 수 있습니다.

❹ 문장에서 문단, 한 편의 글로 확장합니다.
시간, 장소, 만난 사람을 한 일과 연결하여 문장으로 쓰고, 문장을 연결하여 자연스럽게 문단을 완성합니다. 그리고 여러 문단을 모아 한 편의 글을 쓸 수 있도록 구성하였습니다. 예를 들어, '동생과 탄 것-자전거, 들은 것-따르릉 소리, 말한 것-조심해, 본 것-구급차' 등으로 동생과 한 일을 한 문단으로 쓰고, 아빠와 한 일, 할머니와 한 일 역시 같은 방식으로 각각의 문단을 완성하면 가족과 겪은 일을 주제로 한 편의 글을 완성할 수 있습니다.

이 책의 구성 및 학습 방법

1. 1단계: 시간, 장소, 만난 사람 나누기

1단계에서는 겪은 일을 다양하게 떠올릴 수 있도록 시간, 장소, 만난 사람을 나눕니다. 시간, 장소, 만난 사람을 자세히 나누면 그에 따라 한 일을 많이 떠올릴 수 있어 쓸 내용이 풍부해집니다. 예를 들어, 일요일에 동물원으로 나들이를 갔다면, 시간은 아침, 점심, 저녁으로, 장소는 호랑이관, 북극 마을, 매점 등으로, 만난 사람은 아빠, 엄마, 매점 아저씨 등으로 나눌 수 있습니다.

2. 2단계: 한 일 떠올리기

2단계에서는 눈, 코, 귀, 입, 손, 발로 하는 일을 중심으로 한 일을 떠올립니다. 예를 들어, 눈으로 한 일은 '무엇을 보았나요?'라는 질문을 통해 '비눗방울'을, 코로 한 일은 '무슨 냄새를 맡았나요?'라는 질문을 통해 '고소한 냄새'를, 입으로 한 일은 '무엇을 먹었나요?'라는 질문을 통해 '솜사탕'을 쉽게 떠올릴 수 있습니다.

3. 3단계: 연결하기, 4단계: 문장 쓰기

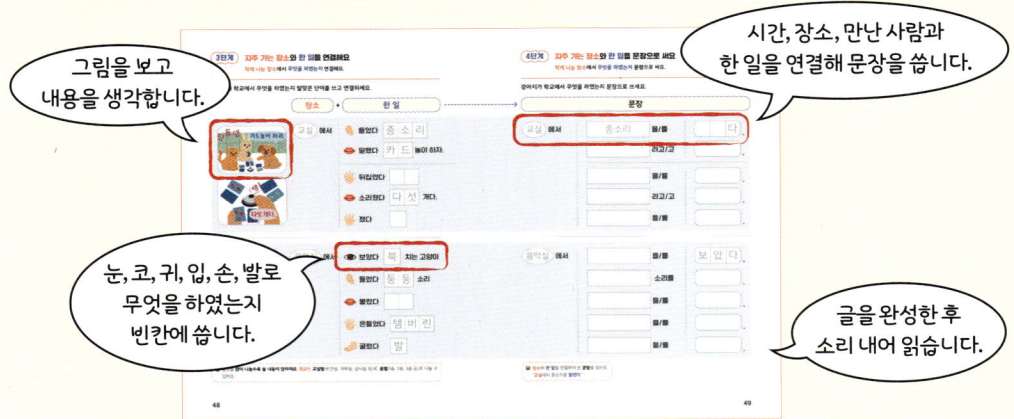

3단계에서는 시간, 장소, 만난 사람과 한 일을 연결합니다. 예를 들어, 장소 '교실'과 한 일 '[귀] 들었다-종소리'를 연결하고, 장소 '음악실'과 한 일 '[입] 불렀다-노래'를 연결합니다. 4단계에서는 3단계에서 연결한 것을 문장으로 완성합니다. 예를 들어, '교실-들었다-종소리'를 '교실에서 종소리를 들었다.'로, '음악실-불렀다-노래'를 '음악실에서 노래를 불렀다.'라는 문장으로 표현합니다.

4. 이야기로 3~4단계 연습하기

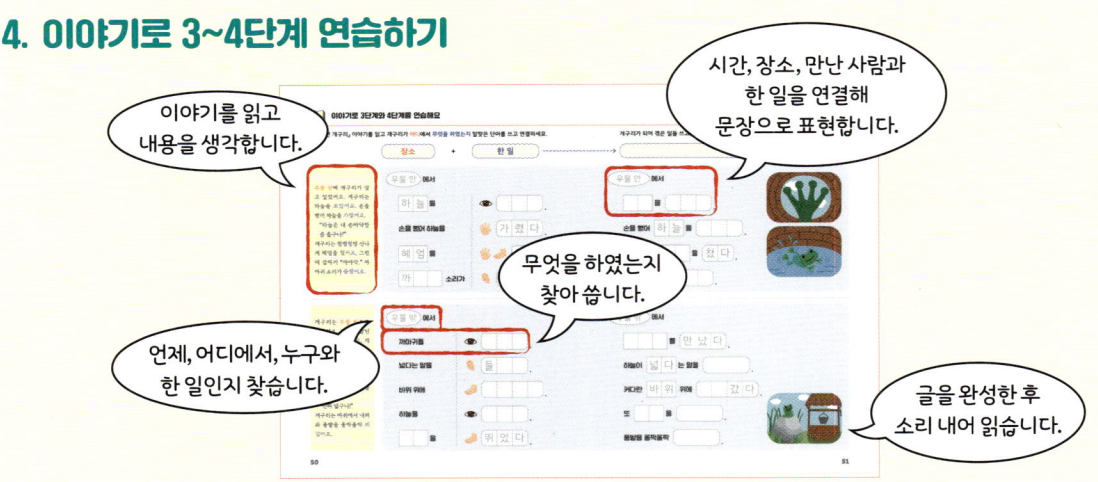

이야기를 통해 3단계 연결하기와 4단계 문장 쓰기에서 배운 내용을 확인하고 연습합니다. 예를 들어, 『우물 안 개구리』 이야기를 읽고 개구리가 겪은 일을 장소 '우물 안'과 한 일 '보았다-하늘'을 연결하고(3단계), 이를 '우물 안에서 하늘을 보았다.'처럼 문장으로 표현합니다(4단계).

5. 1~4단계 적용하기

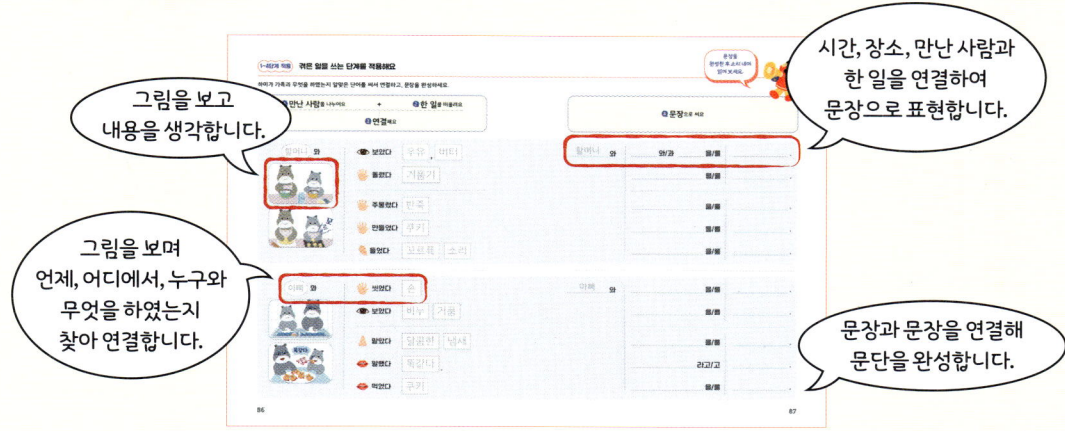

겪은 일 쓰기 1~4단계를 통합하여 연습하며 적용 능력을 기릅니다. 그림을 바탕으로 각 단계에서 무엇을 해야 하는지 생각하고, 배운 내용을 단계별로 적용합니다. 예를 들어, 그림을 보고 만난 사람을 '할머니'와 '아빠'로 나누고(1단계), 한 일을 '[손] 돌렸다-거품기'처럼 떠올립니다(2단계). 만난 사람 '할머니'와 한 일 '[손] 돌렸다-거품기'를 연결하고(3단계), '할머니와 거품기를 돌렸다.'처럼 문장으로 씁니다(4단계).

6. 1~4단계에 따라 내가 겪은 일 쓰기

겪은 일 쓰기 1~4단계에 따라 내가 겪은 일을 씁니다. 이 단계에서는 각 단계에서 무엇을 해야 하는지 스스로 생각하고, 배운 내용을 적용하여 내가 겪은 일을 글로 써 봅니다. 내가 겪은 일을 떠올리며 쓸 내용을 스스로 생각하고, 자유롭게 문장으로 표현하며 창의적인 글쓰기를 할 수 있습니다.

7. 다양한 형식으로 글쓰기

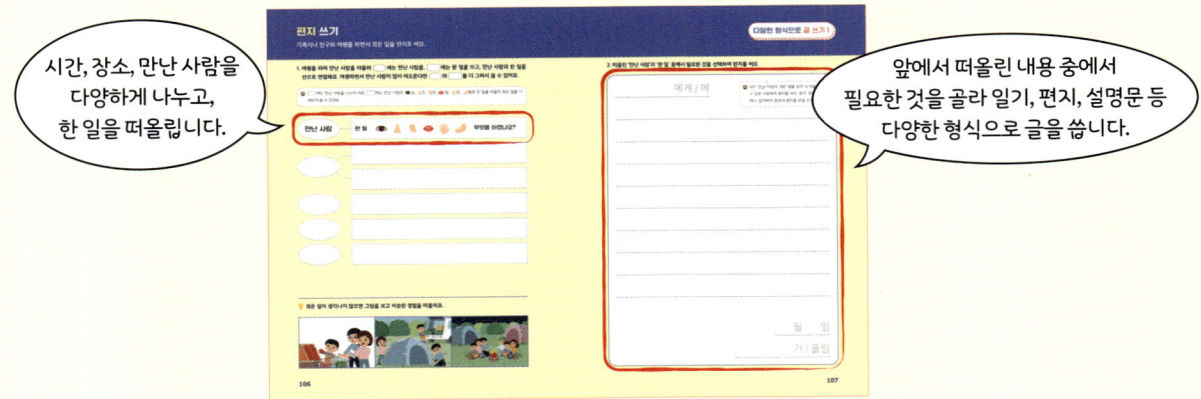

일기, 편지, 기행문, 동시, 설명하는 글 등 다양한 형식으로 내가 겪은 일을 써 봅니다. 겪은 일이 한 가지여도 글의 형식에 따라서 글의 짜임, 내용, 표현 등이 달라집니다. 그림일기로 표현하면 글과 그림으로 하루 동안 겪은 일을 정리할 수 있고, 기행문으로 표현하면 여행에서 간 곳(여정), 보고 들은 것(견문), 느낀 점(감상) 등으로 여행을 하며 겪은 일을 글로 쓸 수 있습니다. 다양한 형식으로 글을 쓰는 연습을 통해 실제 글쓰기 상황에서 필요한 표현 능력을 기를 수 있습니다.

차례

1부 시간을 나누어 겪은 일을 써요

① 평범한 날에 겪은 일을 써요 12쪽
② 특별한 날에 겪은 일을 써요 24쪽

다양한 형식으로 글 쓰기 1~2
- 그림일기 쓰기 38쪽
- 편지 쓰기 40쪽

2부 장소를 나누어 겪은 일을 써요

① 자주 가는 장소에서 겪은 일을 써요 46쪽
② 특별한 장소에서 겪은 일을 써요 58쪽

다양한 형식으로 글 쓰기 1~2
- 기행문 쓰기 72쪽
- 동시 쓰기 74쪽

3부 만난 사람을 나누어 겪은 일을 써요

① 가까운 사람과 겪은 일을 써요 80쪽
② 특별한 사람과 겪은 일을 써요 92쪽

다양한 형식으로 글 쓰기 1~2
- 편지 쓰기 106쪽
- 설명하는 글 쓰기 108쪽

자유 글쓰기 112쪽
정답 및 예시 답 116쪽

1부 시간을 나누어 겪은 일을 써요

1. 평범한 날에 겪은 일을 써요
2. 특별한 날에 겪은 일을 써요

다양한 형식으로 글 쓰기

- 그림일기 쓰기
- 편지 쓰기

 평범한 날에 겪은 일을 써요

1단계   평범한 날의 시간을 나누어요

시간을 낮과 밤으로 나누어 쓰세요.

🦉 해가 떠 있을 때를 '**낮**', 해가 지고 없을 때를 '**밤**'이라고 해요. **시간**은 **아침**, **점심**, **저녁**으로 나눌 수도 있어요.

2단계   한 일을 떠올려요

고양이가 한 일을 살펴보고, 👁 본 것, 👂 들은 것, 👄 먹은 것을 빈칸에 쓰세요.

👁 무엇을 보았나요?	텔		
👂 무엇을 들었나요?	꼬		소	리
👄 무엇을 먹었나요?	빵

공부한 날짜:　　월　　일

시간을 낮과 밤으로 나누면 겪은 일을 많이 떠올릴 수 있어요.

✏️ 시간은 요일과 계절로도 나눌 수 있어요. 시간을 다양하게 나누어 빈칸에 쓰세요.

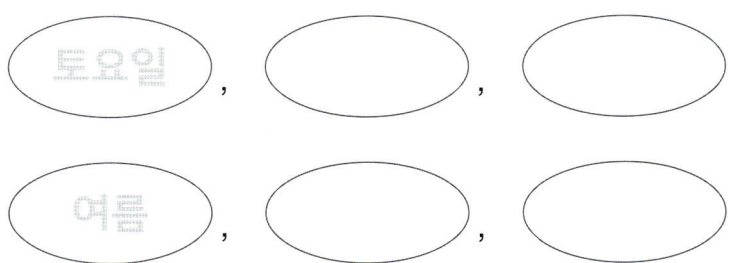

🦉 **요일**은 **토요일**, **일요일**, **월요일** 등으로 나눌 수 있고, **계절**은 **여름**, **겨울** 등으로 나눌 수 있어요.

눈 👁, 코 👃, 귀 👂, 입 👄, 손 ✋, 발 🦶 을 생각하며 한 일을 떠올려요.

✏️ 내가 어제나 오늘 한 일을 생각하며 빈칸에 알맞은 단어를 쓰세요.

👁 무엇을 보았나요?　｜　　　｜,｜　　　｜,｜　　　｜

👂 무엇을 들었나요?　｜　　　｜,｜　　　｜,｜　　　｜

👄 무엇을 먹었나요?　｜　　　｜,｜　　　｜,｜　　　｜

👁 누구를 만났나요?　｜　　　｜,｜　　　｜,｜　　　｜

👄 무엇을 말했나요?　｜　　　｜,｜　　　｜,｜　　　｜

🦉 여기서는 한 일을 떠올리는 연습을 해요. '👁 눈, 👃 코, 👂 귀, 👄 입, ✋ 손, 🦶 발' 중에서 선택하여 무엇을 하였는지 쓸 수 있어요. 한 일이 더 생각나지 않으면 빈칸을 비워 두어도 괜찮아요.

13

3단계 평범한 날의 시간과 한 일을 연결해요

아침, 점심, 저녁에 무엇을 하였는지 연결해요.

고양이가 아침, 점심, 저녁에 무엇을 하였는지 알맞은 단어를 쓰고 연결하세요.

시간 + 한 일

아침에
- 👁 보았다   소방차
- 👂 들었다   왱왱 소리
- 👄 말했다   무슨 일이지?

점심에
- 👁 만났다   토끼친구
- 👂 들었다   ☐☐☐☐ 소리
- 👄 말했다   ☐☐☐.

저녁에
- 👁 보았다   사진
- 👂 들었다   ☐☐ 소리
- 👄 먹었다   ☐☐

4단계 평범한 날의 시간과 한 일을 문장으로 써요

아침, 점심, 저녁에 무엇을 하였는지 문장으로 써요.

고양이가 아침, 점심, 저녁에 무엇을 하였는지 문장으로 쓰세요.

→ 문장

아침 에 　소방차 　을/를 　보았다.
　　　　　　　　　　소리를
　　　　　　　　　　라고/고

점심 에 　　　　　을/를 　만났다.
　　　　　　　　　　소리를
　　　　　　　　　　라고/고

저녁 에 　　　　　을/를
　　　　　　　　　　소리를
　　　　　　　　　　을/를

🦉 **시간**과 **한 일**을 연결하여 쓴 **문장**을 읽어요.
"**아침**에 소방차를 **보았다**."

이야기로 3단계와 4단계를 연습해요

『잭과 콩나무』 이야기를 읽고 잭이 언제 무엇을 하였는지 알맞은 단어를 쓰고 연결하세요.

시간 + 한 일

아침 일찍 어머니께서 잭에게 심부름을 시켰어요.
"시장에 가서 소를 팔아오렴."
"음매."
문 밖에서 소 울음 소리가 들렸어요. 잭은 소를 끌고 시장으로 갔어요.

점심이 되자, 잭은 길 옆에 앉아 빵을 먹었어요. 그때 이상한 할아버지를 만났어요.
"요술콩과 소를 바꾸자."
잭은 할아버지께 소를 드렸어요. 그리고 잭은 요술콩을 받았어요.

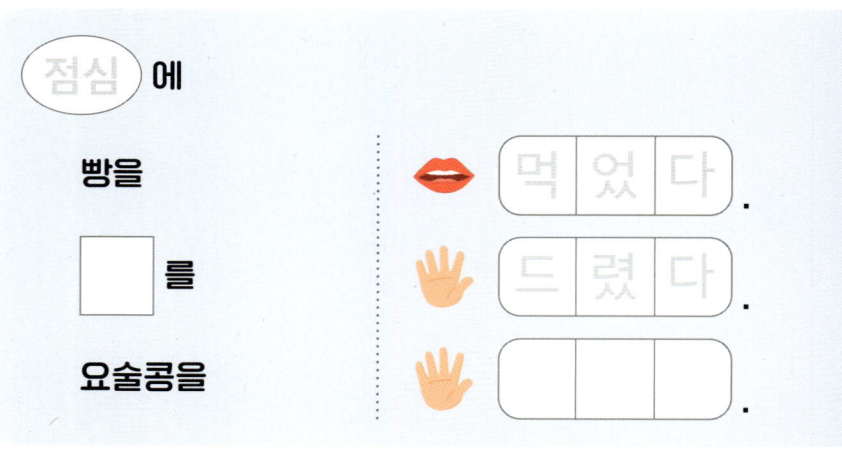

그날 저녁, 어머니는 잭이 가져온 요술콩을 마당에 버렸어요. 잠시 뒤 잭은 하늘까지 자란 콩나무를 보았어요. 콩나무를 보자마자 "와." 하고 말했어요.

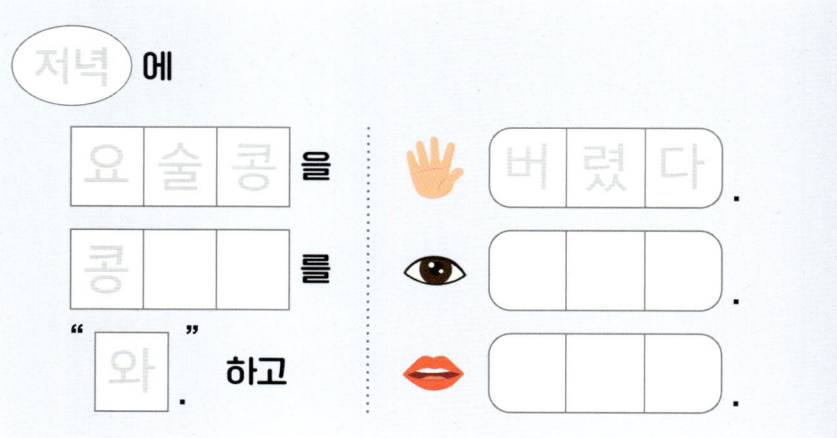

잭이 되어 겪은 일을 쓰고, 소리 내어 읽으세요.

문장

아침 에
음매 소리를 ☐☐.
소를 끌고 시장 에 갔다.

점심 에
빵 을 먹☐.
나는 할아버지께 ☐를 드☐.
할아버지에게서 ☐☐ 을 받았다.

저녁 에
어머니는 오☐ 을 버☐.
나는 ☐☐ 를 ☐☐.
콩나무를 보자마자 "와." 하고 ☐☐.

 **겪은 일을 쓰는 단계를 적용해요**

고양이가 하루 동안 무엇을 하였는지 알맞은 단어를 써서 연결하고, 문장을 완성하세요.

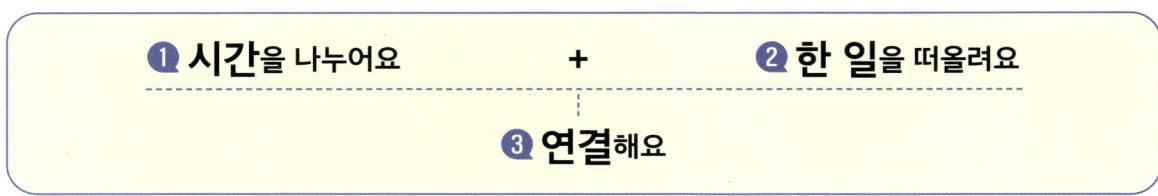

아침에
- 들었다 　따르릉　 소리
- 보았다 　알람　　시계
- 말했다 　늦었다　.

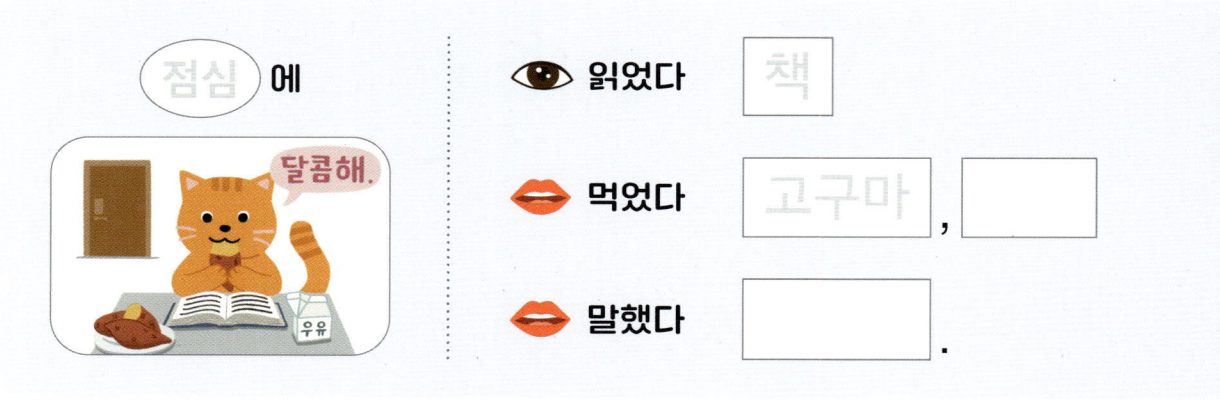

점심에
- 읽었다 　책
- 먹었다 　고구마　, ☐
- 말했다 ☐.

저녁에
- 보았다 　불꽃놀이
- 들었다 ☐ 소리
- 말했다 ☐.

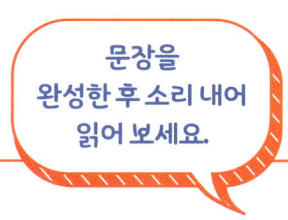
문장을 완성한 후 소리 내어 읽어 보세요.

❹ 문장으로 써요

_____ 에   _____ 소리를   ___들었다___ .

            _____ 을/를   ___보았다___ .

            _____ 라고/고   _____ .

_____ 에   _____ 을/를   ___읽었다___ .

            ___ 와/과 ___ 을/를   _____ .

            _____ 라고/고   _____ .

_____ 에   _____ 을/를   _____ .

            _____ 소리를   _____ .

            _____ 라고/고   _____ .

1~4단계에 따라 내가 겪은 일을 써요

내가 언제 무엇을 하였는지 알맞은 단어를 써서 연결하고, 문장을 완성하세요.

❶ **시간**을 나누어요   +   ❷ **한 일**을 떠올려요
❸ **연결**해요

◯ 에
- 👁 보았다 ▢ , ▢
- 👂 들었다 ▢ , ▢
- 👄 먹었다 ▢ , ▢

◯ 에
- 👁 만났다 ▢ , ▢
- 👂 들었다 ▢ , ▢
- 👄 말했다 ▢ , ▢

◯ 에
- 👁 읽었다 ▢ , ▢
- 👂 감상했다 ▢ , ▢
- 👄 불렀다 ▢ , ▢

🦉 ◯에는 **시간**을 '**낮**과 **밤**', '**아침**, **점심**, **저녁**'으로 나누어 쓰거나, **요일**(토요일, 일요일 등), **계절**(봄, 여름 등), **달**(5월, 7월 등)로 나누어 써요.

❹ 문장으로 써요

_____에	_____ 을/를	보았다 .
	_____ 소리를	_____ .
	_____ 을/를	_____ .

_____에	_____ 을/를	만났다 .
	_____ 소리를	_____ .
	_____ 라고/고	_____ .

_____에	_____ 을/를	_____ .
	_____ 을/를	_____ .
	_____ 을/를	_____ .

21

쉬어 가기 1

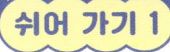

시간을 나타내는 말을 찾아 색칠하세요.

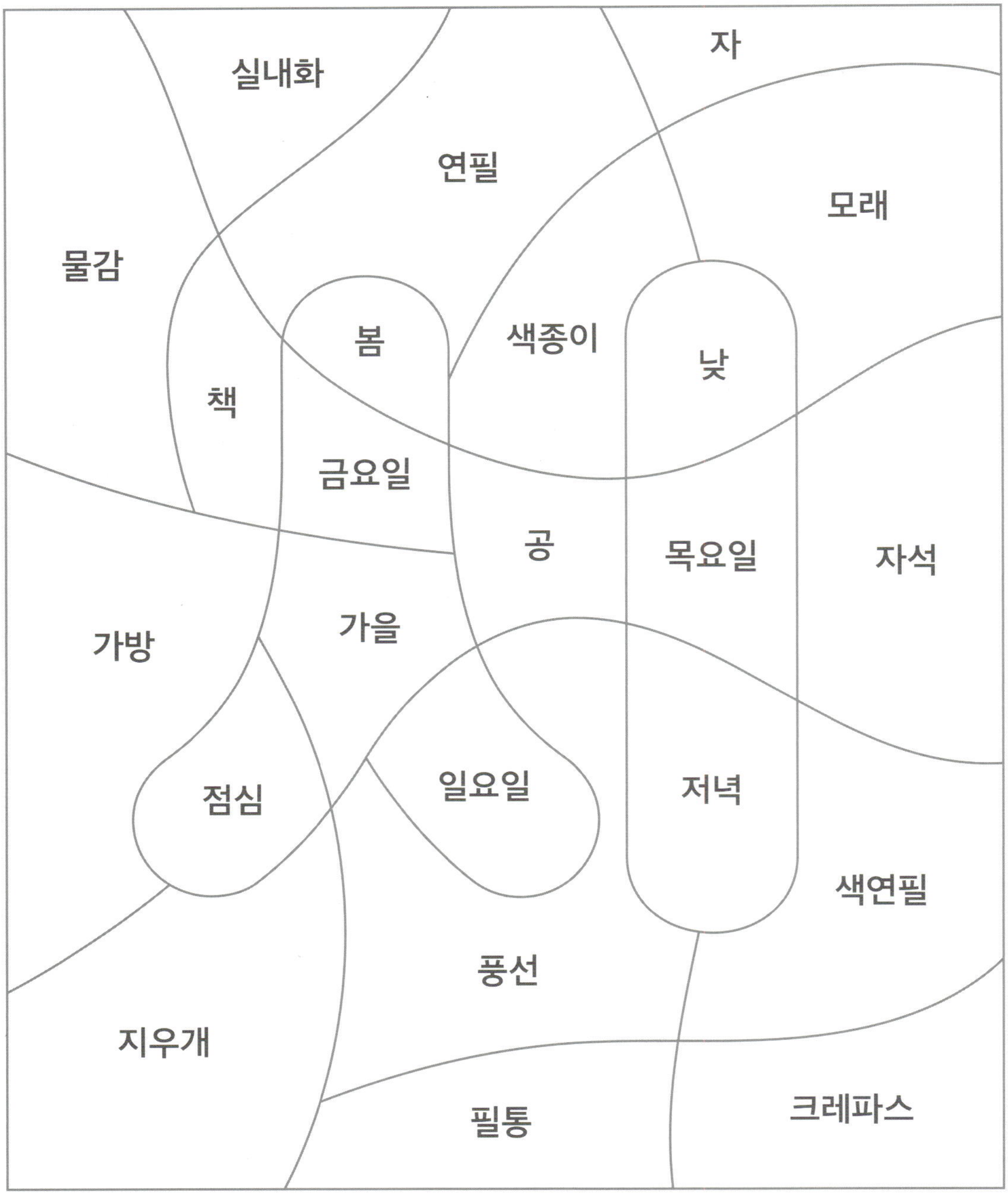
실내화
자
연필
모래
물감
봄
색종이
낮
책
금요일
공
목요일
자석
가방
가을
점심
일요일
저녁
색연필
풍선
지우개
필통
크레파스

의자	신발	이름표	
볼펜	칼	밤	교과서
	여름		
가위	겨울	풀	토요일	수첩
	수요일			
도화지		모자		연필
	아침	공책		
		월요일	화요일	
붓	테이프	나무	줄넘기	

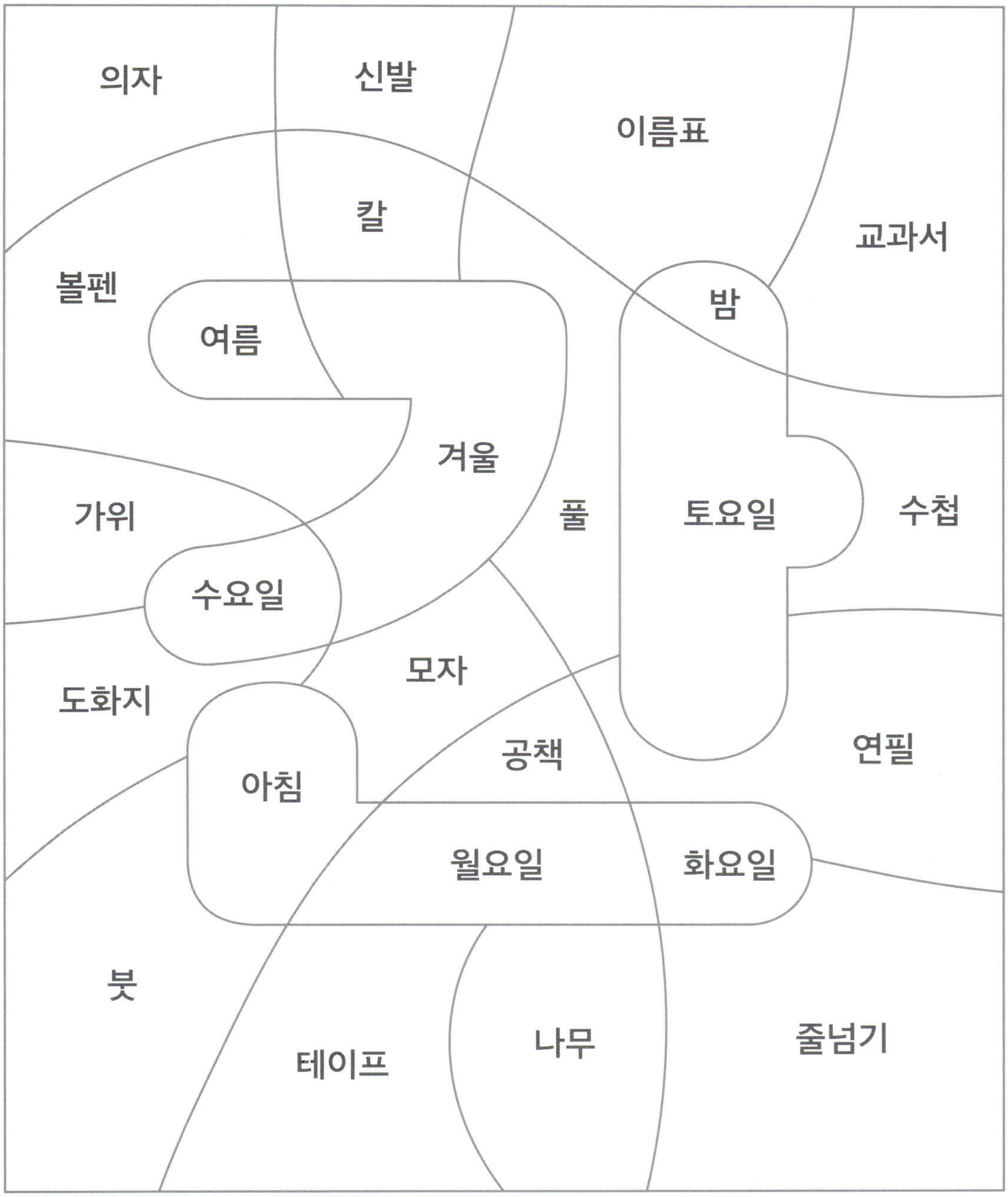

2 특별한 날에 겪은 일을 써요

1단계 특별한 날의 시간을 나누어요

특별한 날을 생일날, 설날로 나누어 쓰세요.

생일날

설날

> 🦉 **특별한 날**을 어버이날, 공연하는 날, 소풍 간 날로 나눌 수도 있어요.

2단계 한 일을 떠올려요

곰이 한 일을 살펴보고, 👁 본 것, 👃 냄새 맡은 것, 👄 먹은 것을 빈칸에 쓰세요.

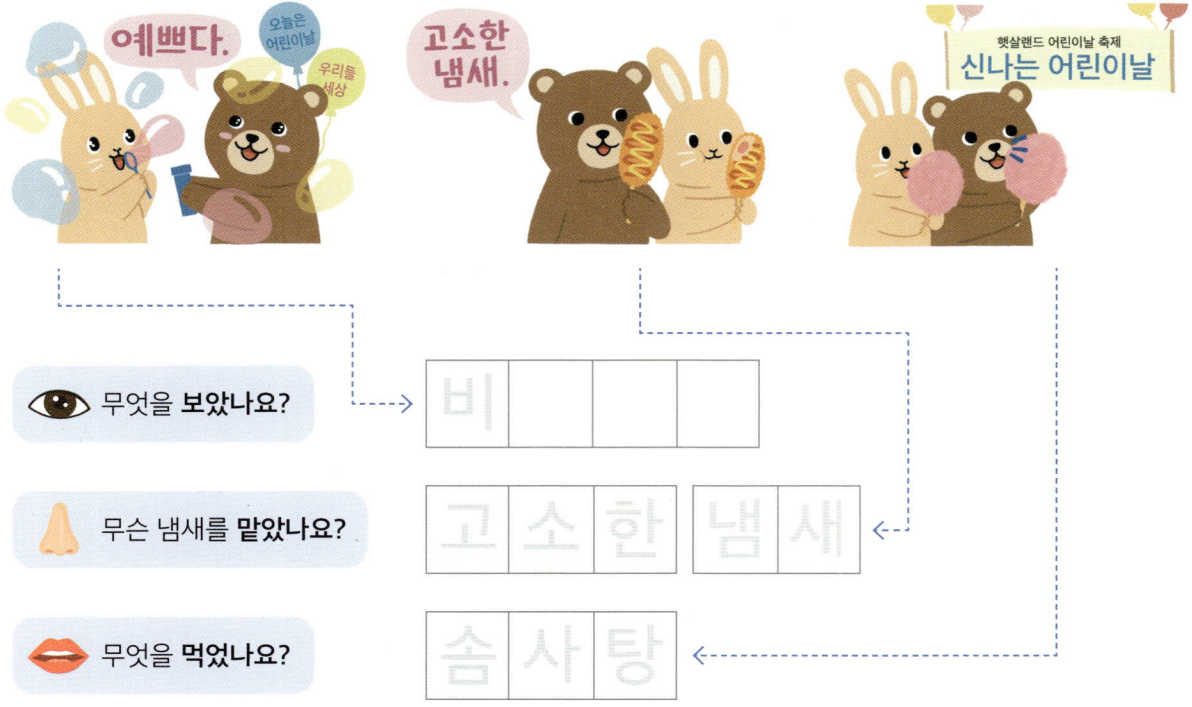

👁 무엇을 보았나요? → 비 □ □

👃 무슨 냄새를 맡았나요? → 고 소 한 냄 새

👄 무엇을 먹었나요? → 솜 사 탕

공부한 날짜: 월   일

시간을 **특별한 날**과 **특별한 때**로 나누면 겪은 일을 많이 떠올릴 수 있어요.

✏️ 시간은 특별한 날과 특별한 때로도 나눌 수 있어요. 시간을 다양하게 나누어 빈칸에 쓰세요.

(어린이날), (   )

🦉 **특별한 때**를 고양이가 태어났을 때, 마지막 연습 시간 등으로 나눌 수 있어요.

(배 아팠을 때), (   ), (   )

(시험 시간), (   ), (   )

눈 👁, **코** 👃, **귀** 👂, **입** 👄, **손** ✋, **발** 🦶을 생각하며 한 일을 떠올려요.

✏️ 내가 어린이날이나 생일날에 한 일을 생각하며 빈칸에 알맞은 단어를 쓰세요.

👁 무엇을 보았나요?		,		,	
👃 무슨 냄새를 맡았나요?		,		,	
👄 무엇을 먹었나요?		,		,	
👁 무엇을 읽었나요?		,		,	
👂 무엇을 들었나요?		,		,	

🦉 여기서는 한 일을 떠올리는 연습을 해요. 어린이날이나 생일날에 한 일을 떠올리기 어렵다면 어제나 오늘 한 일을 떠올려도 돼요. 👁 눈으로 한 일은 '보았나요? 읽었나요?', 👄 입으로 한 일은 '먹었나요? 말했나요?'처럼 두 가지 이상으로 떠올릴 수 있어요. 한 일이 더 생각나지 않으면 빈칸을 비워 두어도 괜찮아요.

3단계 특별한 날의 시간과 한 일을 연결해요

비 오는 날, 눈 오는 날에 무엇을 하였는지 연결해요.

곰이 비 오는 날과 눈 오는 날에 무엇을 하였는지 알맞은 단어를 쓰고 연결하세요.

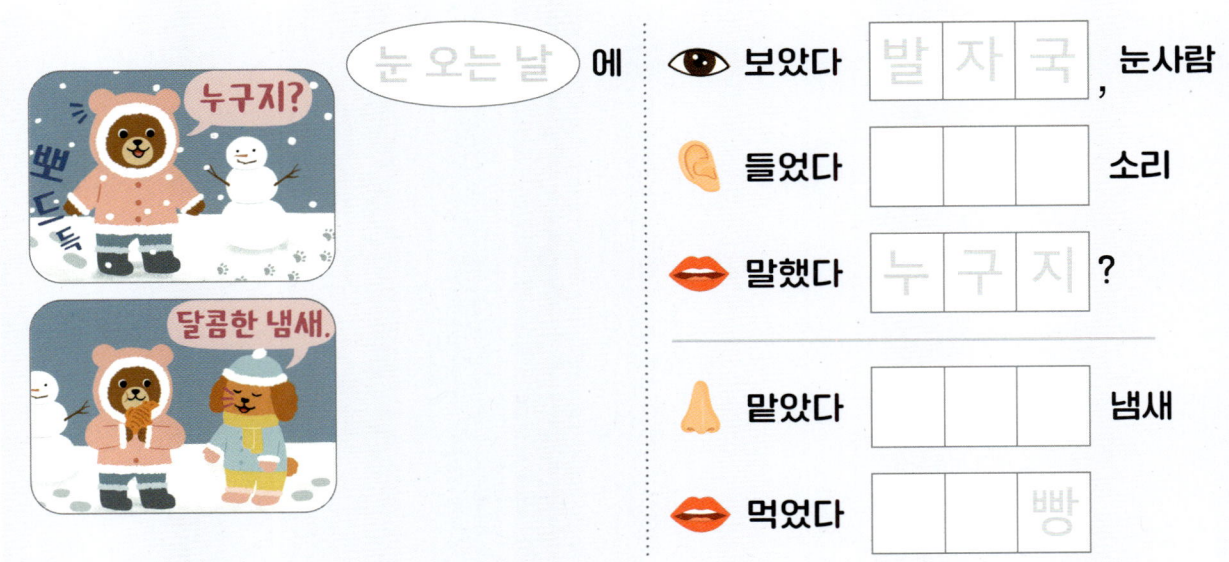

🦉 **시간**을 다양하게 나누면 겪은 일을 많이 쓸 수 있어요. **특별한 날**은 어린이날, 어버이날, 생일날, 설날, 추석날, 크리스마스, 태풍 온 날 등으로 나눌 수 있어요.

4단계 특별한 날의 시간과 한 일을 문장으로 써요

비 오는 날, 눈 오는 날에 무엇을 하였는지 문장으로 써요.

곰이 비 오는 날과 눈 오는 날에 무엇을 하였는지 문장으로 쓰세요.

➡️ **문장**

비 오는 날 에 [ ] 소리를 들었다.
[ ] 을/를 [ ].
[ ] 을/를 [ ].
[ ] 을/를 [ ].
[ ] 라고/고 [ ].

( ) 에 [ ] 와/과 [ ] 을/를 보았다.
[ ] 소리를 [ ].
[ ] 라고/고 [ ].
[ ] 을/를 [ ].
[ ] 을/를 [ ].

🦉 **시간**과 **한 일**을 연결하여 쓴 **문장**을 읽어요.
"**비 오는 날**에 투두둑 소리를 **들었다**."

이야기로 3단계와 4단계를 연습해요

『은혜 갚은 호랑이』이야기를 읽고 호랑이가 언제 무엇을 하였는지 알맞은 단어를 쓰고 연결하세요.

시간 + 한 일

옛날 옛적에 호랑이가 살았어요. 호랑이는 배가 고플 때 숲속을 돌아다니며 먹이를 찾아다녔어요.
"부스럭."
발소리를 들었어요. 배가 고픈 호랑이는 사슴을 잡아먹다가 입안에 뼈가 걸렸어요.

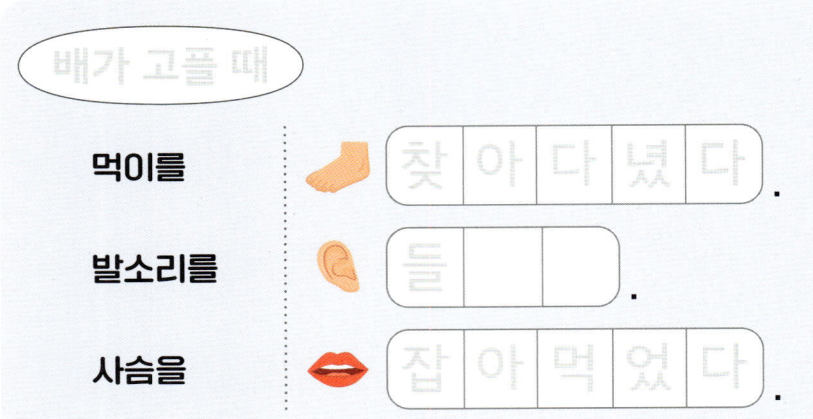

배가 고플 때
먹이를 — 찾아다녔다.
발소리를 — 들었다.
사슴을 — 잡아먹었다.

호랑이는 입안에 뼈가 걸렸을 때 아파서 눈물을 흘렸어요. 마침 산으로 올라오는 나무꾼을 보았어요.
호랑이는 "어흥." 하고 도와달라고 말했어요.
나무꾼은 입안에 있는 뼈를 빼내 주었어요.

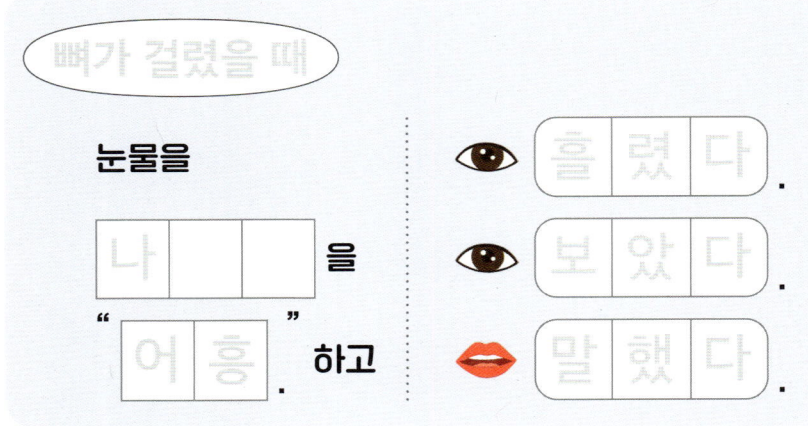

뼈가 걸렸을 때
눈물을 — 흘렸다.
나[무꾼]을 — 보았다.
"어흥." 하고 — 말했다.

호랑이가 나무꾼의 집에 갔을 때 나무꾼이 걱정하는 소리를 들었어요.
"먹을 음식이 없어요."
호랑이는 빈 쌀 항아리를 보았어요. 나무꾼의 집 마당에 자신이 잡은 멧돼지를 두었어요.

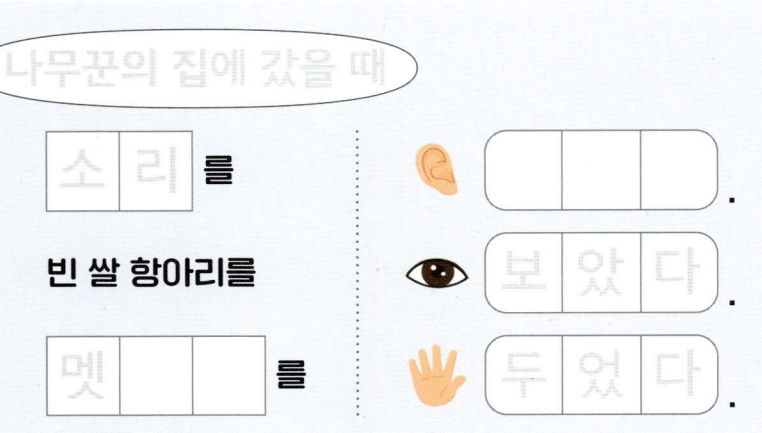

나무꾼의 집에 갔을 때
소리를 — 들었다.
빈 쌀 항아리를 — 보았다.
멧[돼지]를 — 두었다.

호랑이가 되어 겪은 일을 쓰고, 소리 내어 읽으세요.

문장

배가 고플 때

먹이를 찾아 □□□.

발□를 □□□.

□□을 잡아 □□□.

뼈가 걸렸을 때

□□을 흘□□.

□□을 보□□.

나무꾼에게 "어흥." 하고 말□□□.

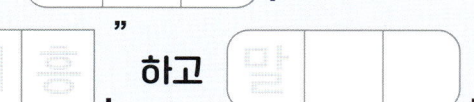

나무꾼의 집에 갔을 때

걱정하는 소리를 □□□□.

빈 쌀 □□를 □□□□.

멧□□를 □□□□.

 **겪은 일을 쓰는 단계를 적용해요**

곰이 점심시간과 정리 시간에 무엇을 하였는지 알맞은 단어를 써서 연결하고, 문장을 완성하세요.

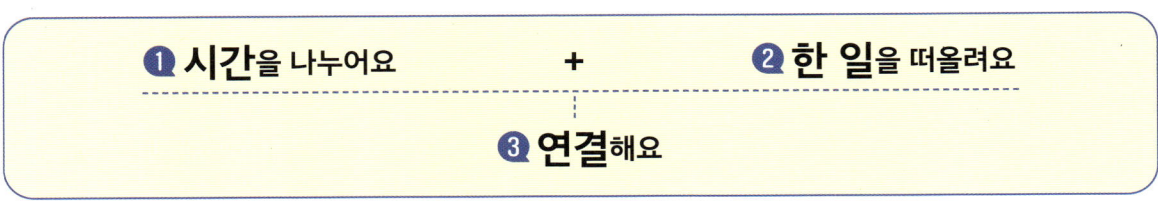

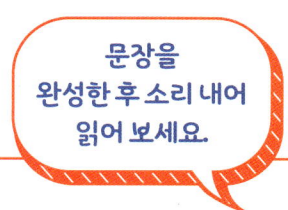

문장을 완성한 후 소리 내어 읽어 보세요.

❹ 문장으로 써요

점심시간에	_____ 을/를	_____ 만났다.
	_____ 소리를	_____.
	_____ 을/를	_____.
	만두와 _____ 을/를	_____.

_____에	_____ 을/를	_____ 찾았다.
	_____ 을/를	_____.
	_____ 소리를	_____.
	_____ 을/를	_____.
	_____ 라고/고	_____.

1~4단계에 따라 내가 겪은 일을 써요

내가 언제 무엇을 하였는지 알맞은 단어를 써서 연결하고, 문장을 완성하세요.

❶ **시간**을 나누어요   +   ❷ **한 일**을 떠올려요
            ❸ **연결**해요

( ) 때/에
- 👁 보았다 ☐ , ☐
- 👂 들었다 ☐ , ☐
- ✋ 만들었다 ☐ , ☐

( ) 때/에
- 👁 만났다 ☐ , ☐
- 👃 맡았다 ☐ , ☐
- 👄 말했다 ☐ , ☐

( ) 때/에
- 👁 읽었다 ☐ , ☐
- 👄 먹었다 ☐ , ☐
- ✋🦶 했다 ☐ , ☐

🦉 ( )에는 **시간**을 **특별한 날**(어린이날, 크리스마스 등)로 나누어 쓰거나, **특별한 시간**(청소 시간, 물놀이 시간 등), **특별한 순간**(새 신발을 샀을 때, 달리기에서 우승했을 때 등)으로 나누어 써요.

❹ 문장으로 써요

_____ 때/에	_____ 을/를	보았다.
	_____ 소리를	_____.
	_____ 을/를	_____.

_____ 때/에	_____ 을/를	_____.
	_____ 을/를	_____.
	_____ 라고/고	_____.

_____ 때/에	_____ 을/를	_____.
	_____ 을/를	_____.
	_____ 을/를	_____.

쉬어 가기 2

그림을 색칠하고 시간을 나타내는 말을 쓰거나 고르세요.

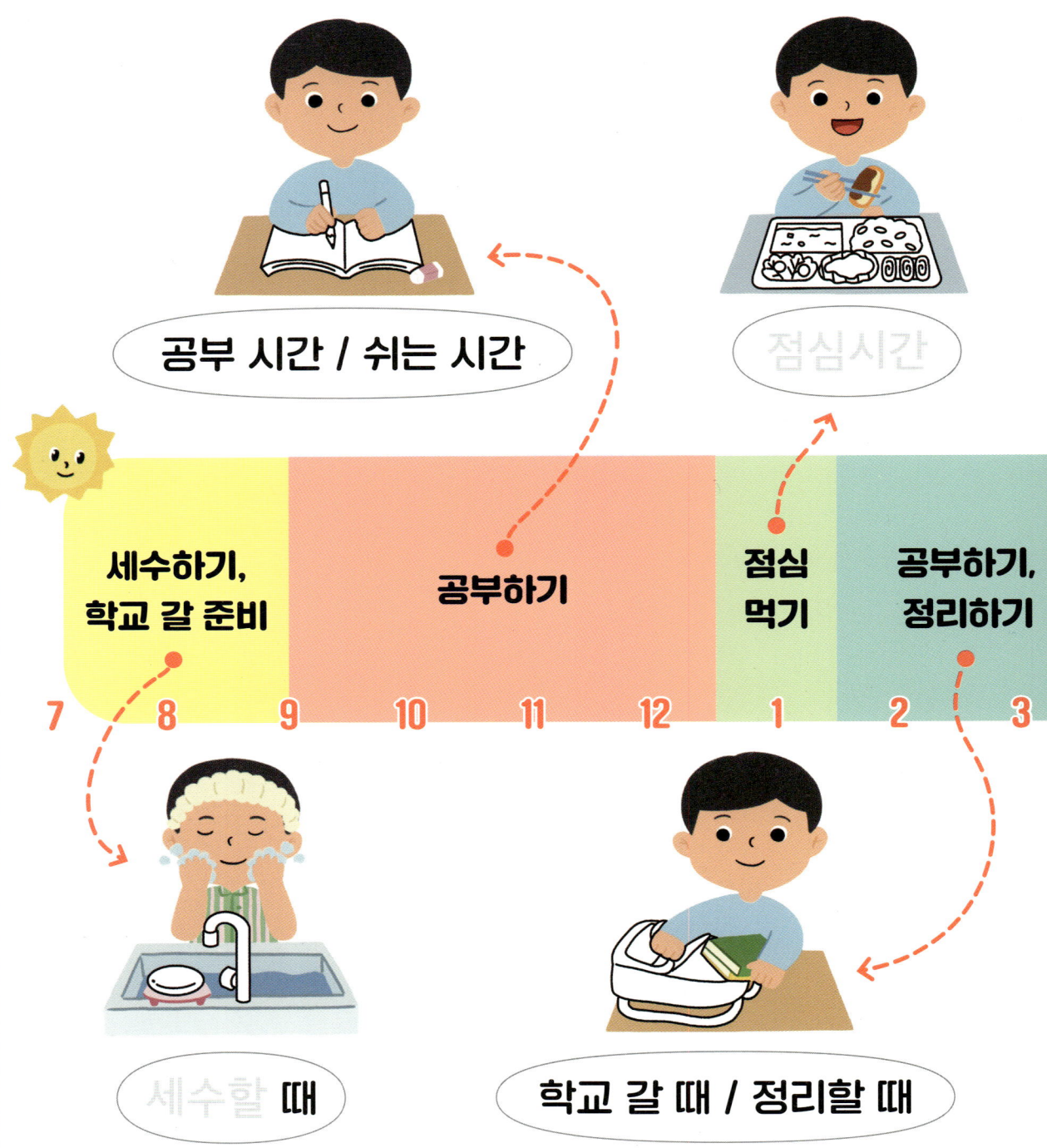

수영 시간   밥 먹을 때 / 요리할 때   책 읽을 때

놀기   수영하기   밥 먹기   책 읽기   잠자기

4   5   6   7   8   9   10   11   12

놀이 시간   잠 잘 때 / 씻을 때

정리하기 시간을 나누어 겪은 일 쓰기

시간을 나누어 겪은 일 쓰는 단계를 정리해요.

① 시간 을 나누어요.

첫째, 평범한 날의 시간을 나눌 수 있어요.

낮 과 밤 이나 아침 , 점심 , 저녁 으로 나눌 수 있어요.

요일 이나 계절 로 나눌 수 있고, 달 로도 나눌 수 있어요.

둘째, 특별한 날의 시간을 나눌 수 있어요.

어린이 날 , 생일날, 크리스마스 등으로 나눌 수 있어요.

이가 아플 때 , 아빠와 영화 보는 시간 으로 나눌 수 있어요.

② 한 일 을 떠올려요.

첫째, 눈 , 코 , 귀 , 입 , 손 , 발 로 무엇을 하였는지 떠올릴 수 있어요.

- 👁 보았다 텔레비전
- 👃 맡았다 달콤한 냄새
- 👂 들었다 알람 소리
- 👄 먹었다 빵
- ✋ 썼다 편지
- 🧦 갔다 학교

둘째, 눈, 코, 귀, 입, 손, 발로 무엇을 하였는지 다양하게 떠올릴 수 있어요.

👁	보았다	눈, 크리스마스트리
	읽었다	카드
	만났다	구세군 아저씨

🦉 👄 입으로 한 일은 '먹었다-케이크', '말했다-메리 크리스마스' 등으로, 👃 코로 한 일은 '맡았다-달콤한 냄새', '흥얼거렸다-캐럴' 등으로 다양하게 떠올릴 수 있어요.

❸ 시간과 한 일을 연결해요.

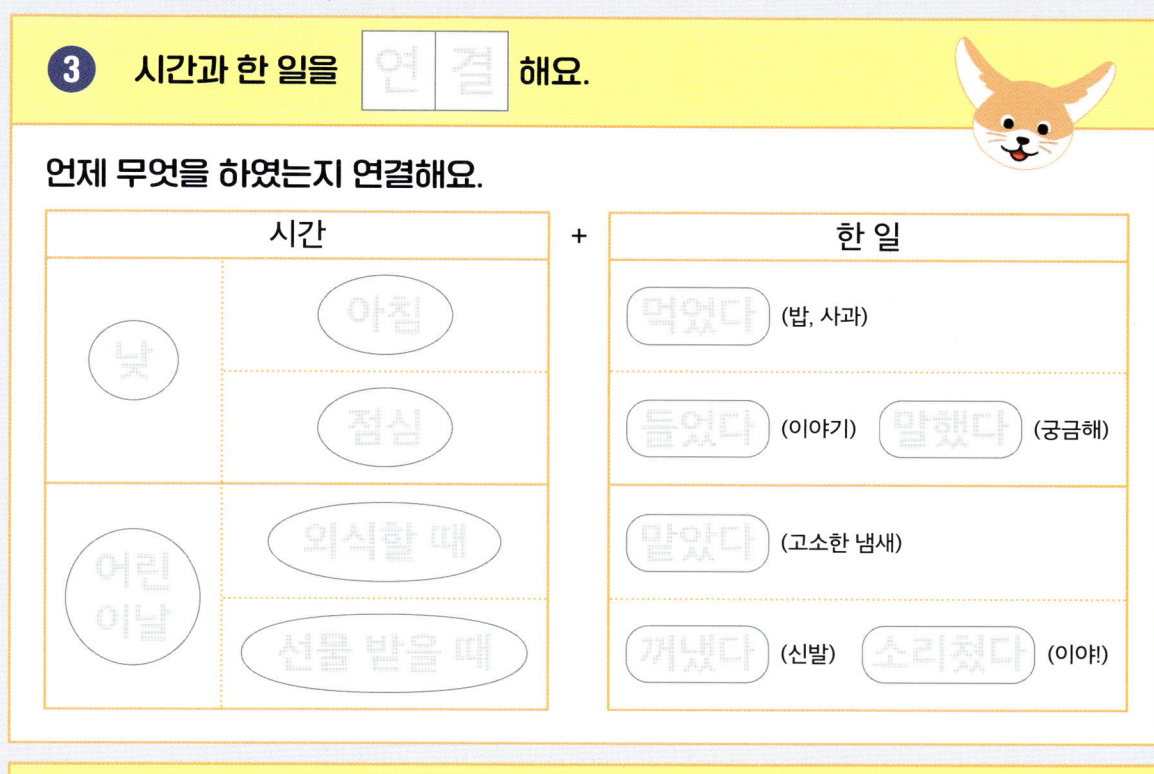

❹ 시간과 한 일을 문장으로 써요.

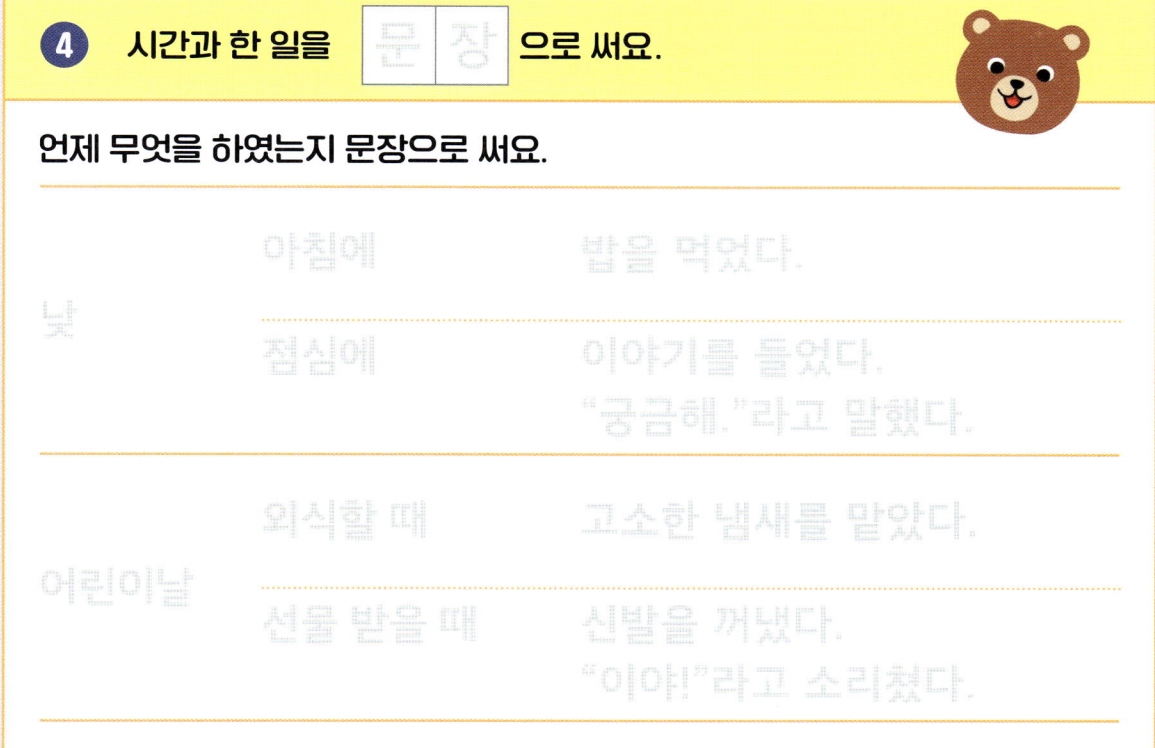

그림일기 쓰기

내 생일에 겪은 일이나 친구 생일잔치에서 겪은 일을 그림일기로 써요.

1. 생일날 겪은 일을 떠올려 ⬭에는 시간을, ▭에는 한 일을 쓰고, 시간과 한 일을 선으로 연결해요. 겪은 일이 많이 떠오른다면 ⬭와 ▭를 더 그려서 쓸 수 있어요.

   - 🦉 ⬭에는 초대장을 만들 때, 생일날 아침, 촛불을 끌 때 등 시간을 다양하게 나누어 쓸 수 있어요.
   - ▭에는 생일날 👁눈, 👃코, 👂귀, 👄입, ✋손, 🦶발로 한 일을 떠올려 겪은 일을 다양하게 쓸 수 있어요.

시간	한 일 👁 👃 👂 👄 ✋ 🦶 무엇을 하였나요?
⬭	
⬭	
⬭	

💡 겪은 일이 생각나지 않으면 그림을 보고 비슷한 경험을 떠올려요.

다양한 형식으로 글 쓰기 1

2. 떠올린 '시간'과 '한 일' 중에서 필요한 것을 선택하여 그림일기를 써요.

편지 쓰기

학교에서 겪은 일을 편지로 써요.

1. 학교에서 겪은 일을 떠올려 ◯에는 시간을, ☐에는 한 일을 쓰고, 시간과 한 일을 선으로 연결해요. 겪은 일이 많이 떠오른다면 ◯와 ☐를 더 그려서 쓸 수 있어요.

> 🦉 ◯에는 아침, 쉬는 시간, 점심시간, 종이접기 시간, 숨바꼭질할 때, 등교할 때 등 시간을 다양하게 나누어 쓸 수 있어요
> ☐에는 학교에서 👁눈, 👃코, 👂귀, 👄입, ✋손, 🦶발로 한 일을 떠올려 겪은 일을 다양하게 쓸 수 있어요.

| 시간 | 한 일 👁 👃 👂 👄 ✋ 🦶 무엇을 하였나요? |

💡 겪은 일이 생각나지 않으면 그림을 보고 비슷한 경험을 떠올려요.

2. 떠올린 '시간'과 '한 일' 중에서 필요한 것을 선택하여 편지를 써요.

에게 / 께

> 🦉 내가 겪은 일을 담아 소식을 전하고 싶은 사람에게 편지를 써요. 친구, 부모님, 할머니, 할아버지 등에게 편지를 보낼 수 있어요.

월   일

가/올림

쉬어 가기 3

시간을 나타내는 말을 찾아 ○ 표시를 하며 길을 따라가세요.

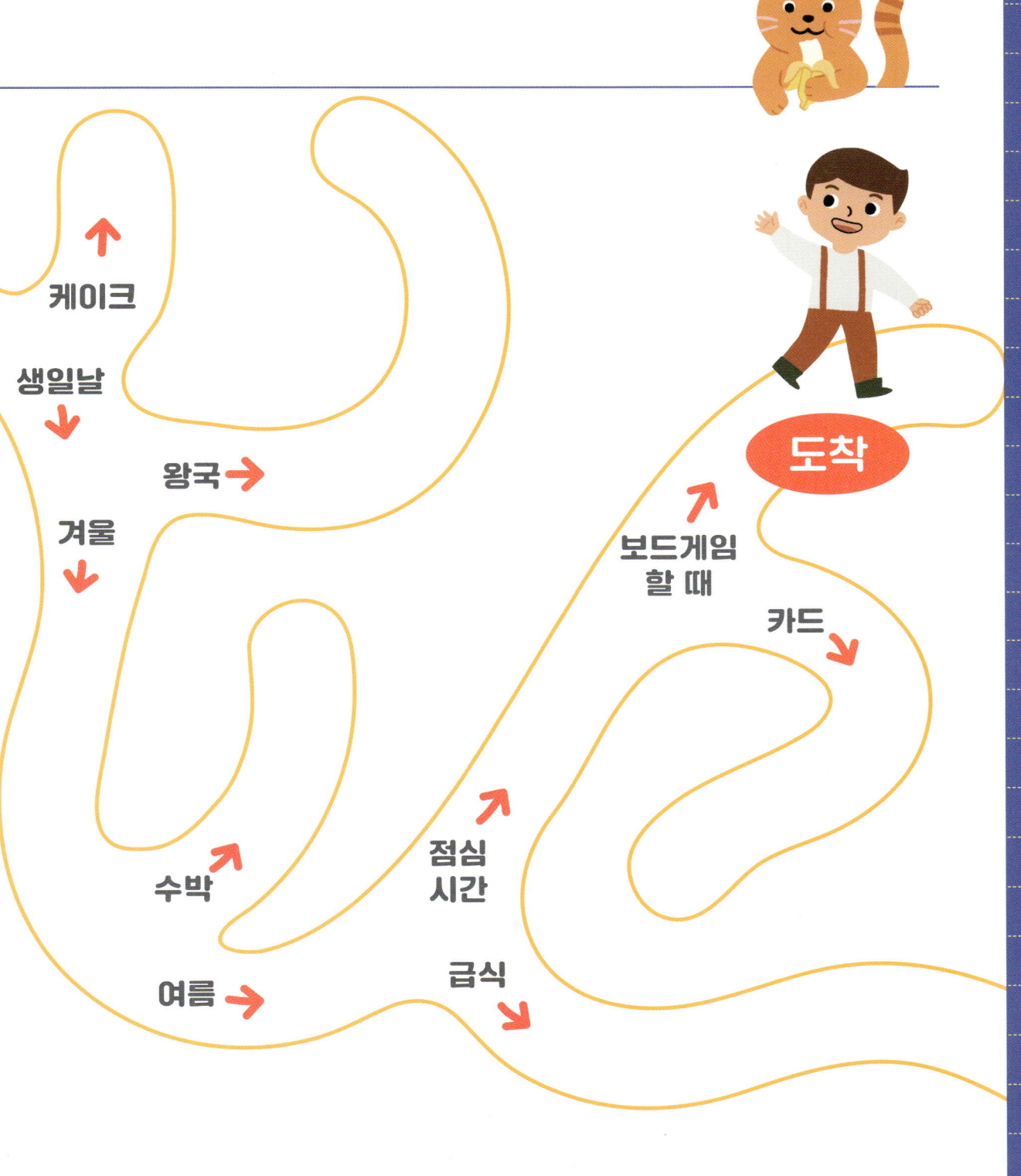

2부
장소를 나누어 겪은 일을 써요

① 자주 가는 장소에서 겪은 일을 써요
② 특별한 장소에서 겪은 일을 써요

다양한 형식으로 글 쓰기

- 기행문 쓰기
- 동시 쓰기

1 자주 가는 장소에서 겪은 일을 써요

1단계 자주 가는 장소를 나누어요

집을 집 안과 집 밖으로 나누어 쓰세요.

집 에서   집 에서

2단계 한 일을 떠올려요

강아지가 한 일을 살펴보고, 👁 본 것, ✋ 쥔 것, 🦶 탄 것을 빈칸에 쓰세요.

👁 무엇을 보았나요? | 자 | 동 | |

✋ 무엇을 쥐었나요? | 포 | 크 |

🦶 무엇을 탔나요? | 자 | | |

46

공부한 날짜: 월   일

장소를 **안**과 **밖**으로 나누면 겪은 일을 많이 떠올릴 수 있어요.

✏️ 집 안과 집 밖은 더 자세히 나눌 수도 있어요. 장소를 다양하게 나누어 빈칸에 쓰세요.

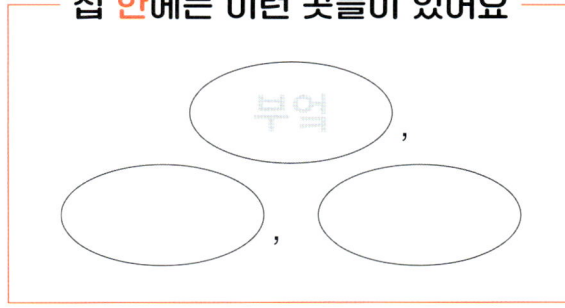

집 **안**에는 이런 곳들이 있어요 (부엌 , ___ , ___)

집 **밖**에는 이런 곳들이 있어요 (골목 , ___ , ___)

🦉 집 **안**은 **거실**, **방**, **마당** 등으로 나눌 수 있고, 집 **밖**은 **공터**, **복도와 계단**, **주차장** 등으로 나눌 수 있어요.

👁 눈, 👃 코, 👂 귀, 👄 입, ✋ 손, 🦶 발을 생각하며 한 일을 떠올려요.

✏️ 내가 집 안과 집 밖에서 한 일을 생각하며 빈칸에 알맞은 단어를 쓰세요.

👁 무엇을 보았나요?		,		,	
✋ 무엇을 쥐었나요?		,		,	
🦶 무엇을 탔나요?		,		,	
👄 무엇을 먹었나요?		,		,	
👃 무슨 냄새를 맡았나요?		,		,	

🦉 한 일이 더 생각나지 않으면 빈칸을 비워 두어도 괜찮아요.

 **자주 가는 장소와 한 일을 연결해요**
작게 나눈 장소에서 무엇을 하였는지 연결해요.

강아지가 학교에서 무엇을 하였는지 알맞은 단어를 쓰고 연결하세요.

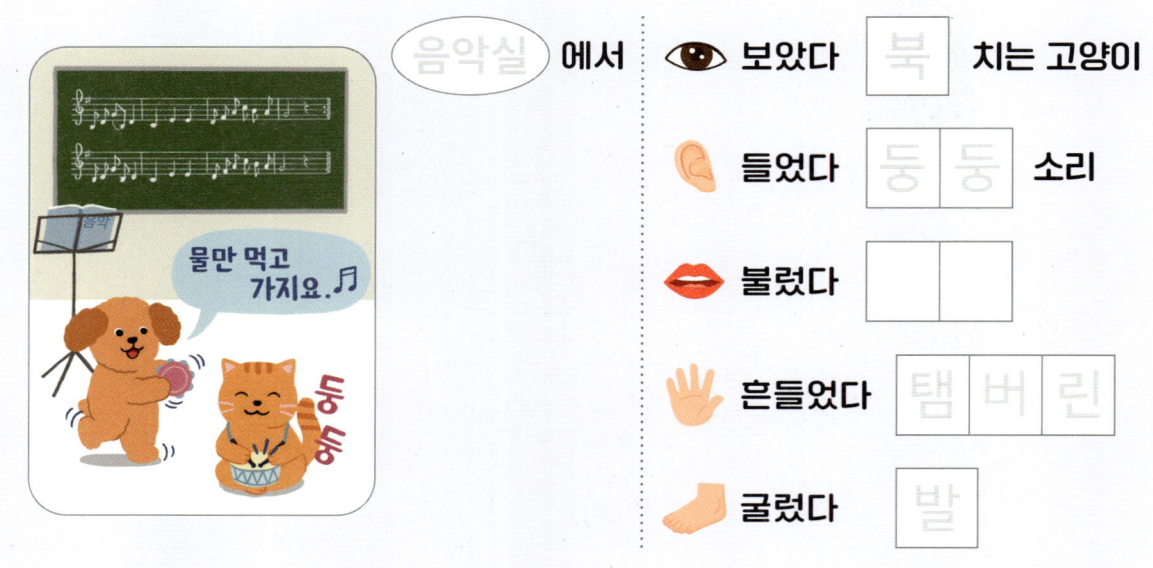

😊 장소를 많이 나눌수록 쓸 내용이 많아져요. 학교는 교실별(보건실, 과학실, 급식실 등)로, 층별(1층, 2층, 3층 등)로 나눌 수 있어요.

4단계 자주 가는 장소와 한 일을 문장으로 써요
작게 나눈 장소에서 무엇을 하였는지 문장으로 써요.

강아지가 학교에서 무엇을 하였는지 문장으로 쓰세요.

문장

교실 에서
- 종소리 을/를 　　다 .
- 　　　 라고/고 　　　 .
- 　　　 을/를 　　　 .
- 　　　 라고/고 　　　 .
- 　　　 을/를 　　　 .

음악실 에서
- 　　　 을/를 보았다 .
- 　　　 소리를 　　　 .
- 　　　 을/를 　　　 .
- 　　　 을/를 　　　 .
- 　　　 을/를 　　　 .

🦉 장소와 한 일을 연결하여 쓴 문장을 읽어요.
"교실에서 종소리를 들었다."

이야기로 3단계와 4단계를 연습해요

『우물 안 개구리』이야기를 읽고 개구리가 어디에서 무엇을 하였는지 알맞은 단어를 쓰고 연결하세요.

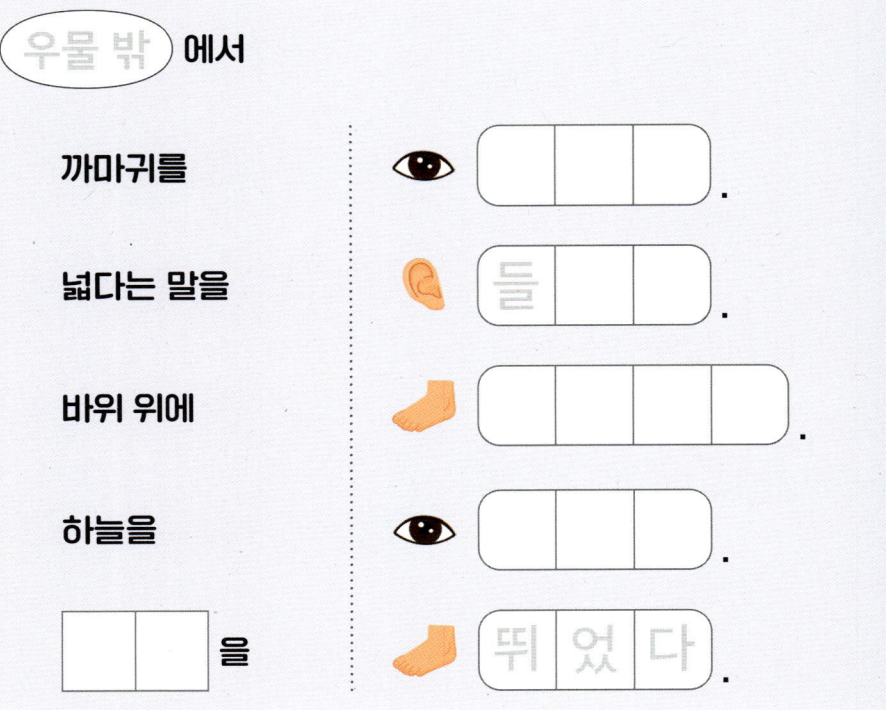

개구리가 되어 겪은 일을 쓰고, 소리 내어 읽으세요.

문장

우물 안 에서

☐☐ 을 ☐☐☐ .

손을 뻗어 하늘 을 ☐☐☐ .

나는 신나게 ☐☐ 을 쳤다 .

까마귀 소리가 ☐☐ .

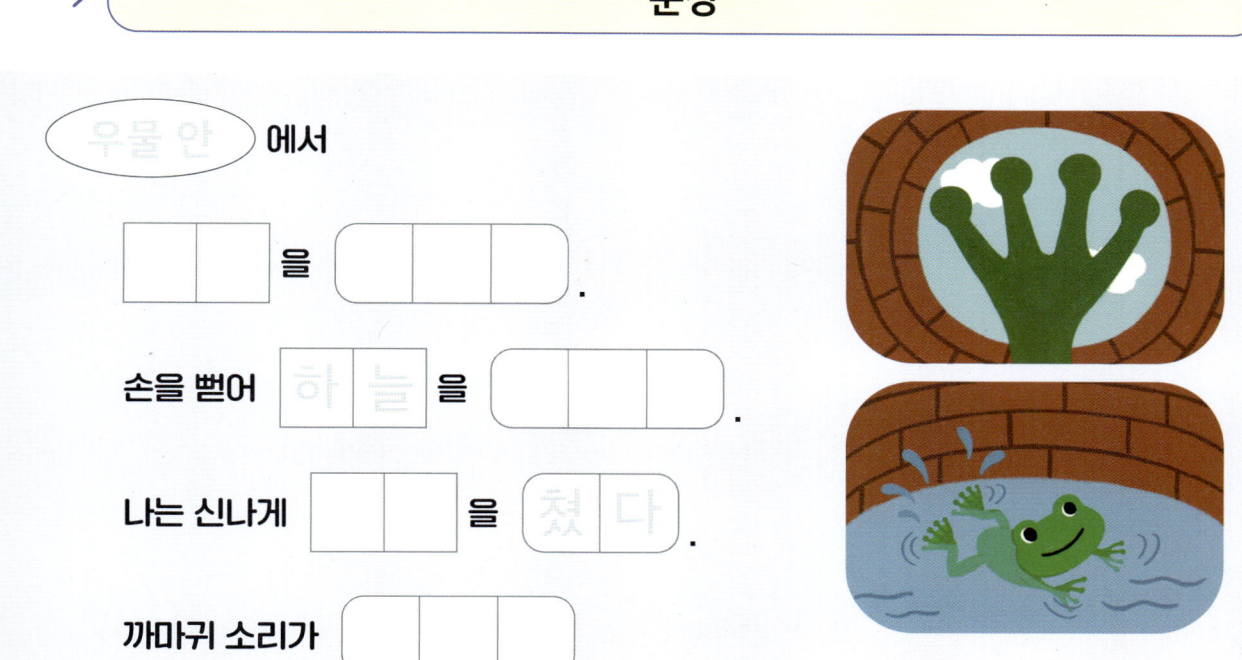

우물 밖 에서

☐☐☐ 를 만났다 .

하늘이 넓다 는 말을 ☐☐☐☐ .

커다란 바위 위에 ☐☐ 갔다 ☐ .

또 ☐☐ 을 ☐☐☐☐ .

풀밭을 폴짝폴짝 ☐☐☐☐ .

 **겪은 일을 쓰는 단계를 적용해요**

강아지가 도서관에서 무엇을 하였는지 알맞은 단어를 써서 연결하고, 문장을 완성하세요.

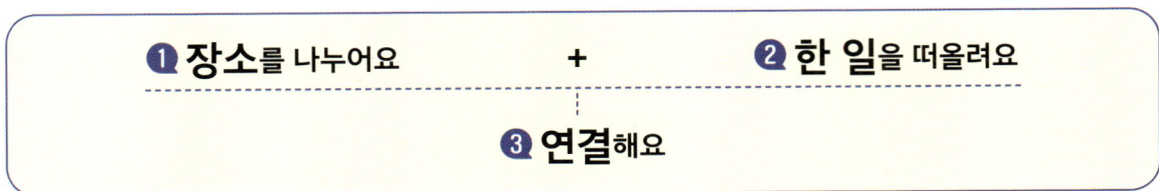

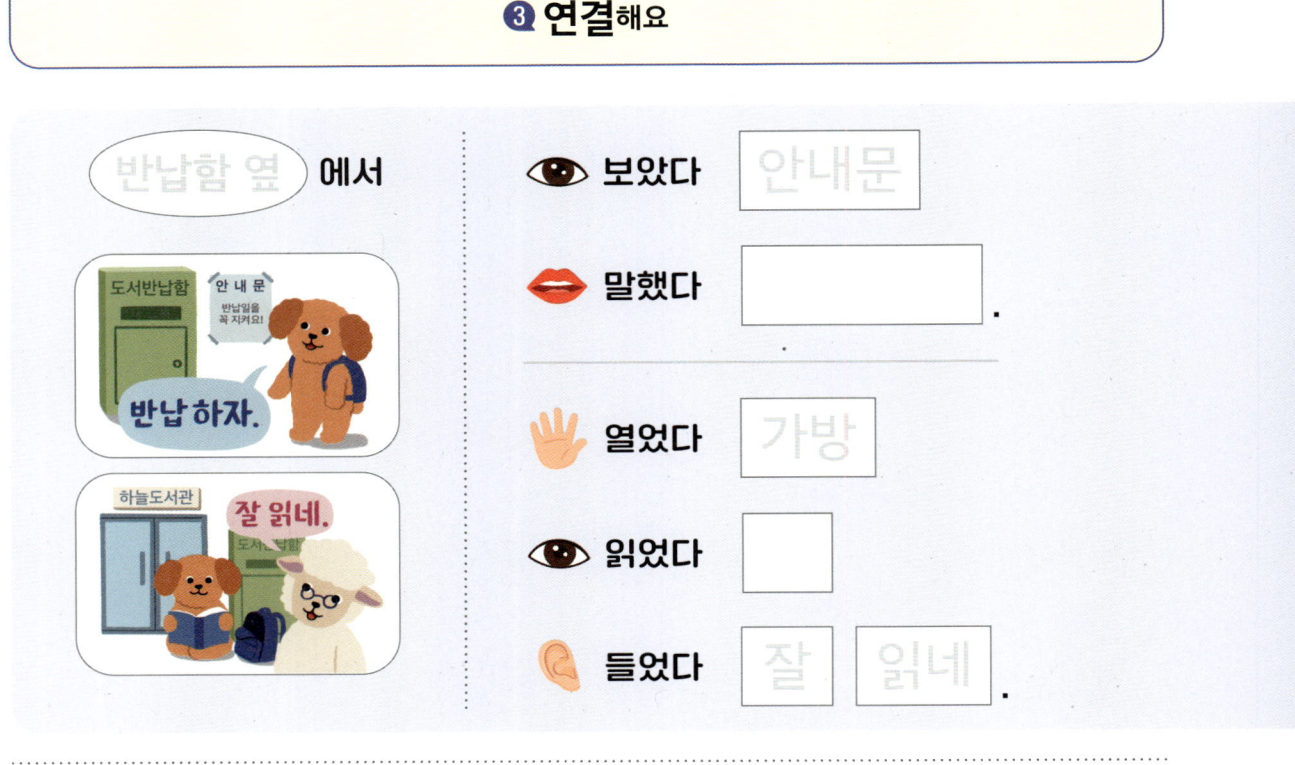

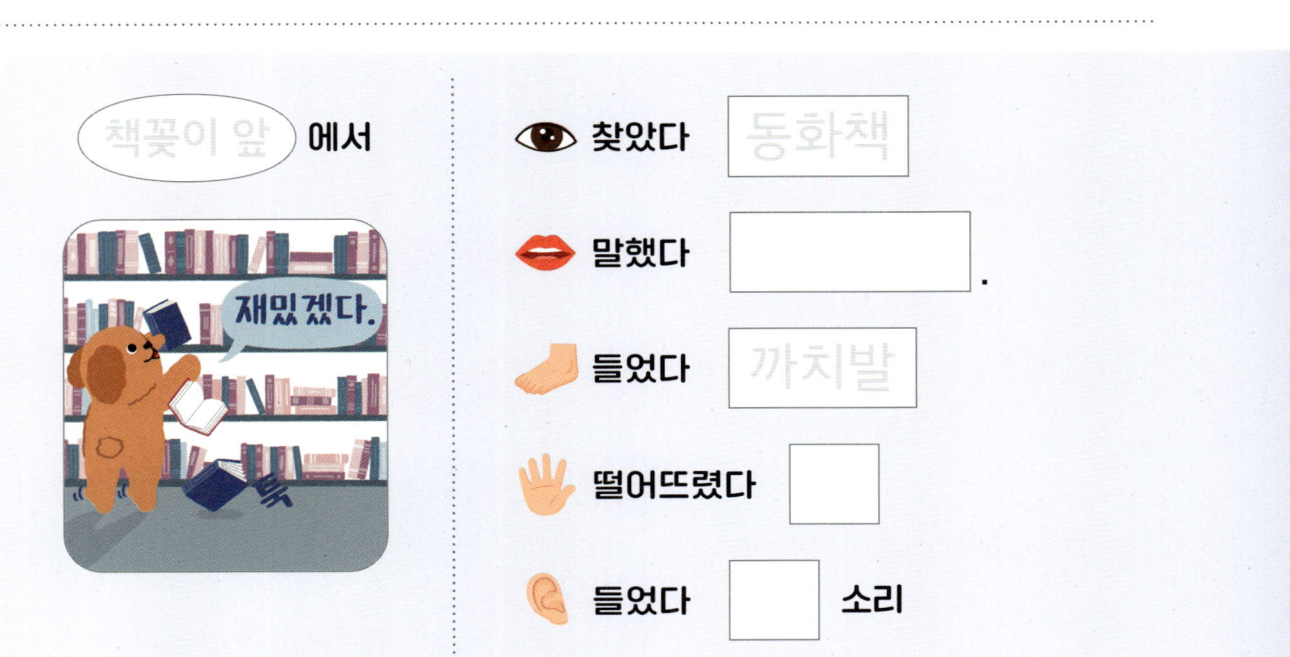

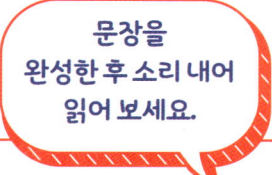
문장을 완성한 후 소리 내어 읽어 보세요.

④ 문장으로 써요

반납함 옆 에서	_____ 을/를	보았다 _____ .
	_____ 라고/고	_____ .
	_____ 을/를	_____ .
	_____ 을/를	_____ .
	_____ 라는 말을	_____ .

_____ 에서	_____ 을/를	찾았다 _____ .
	_____ 라고/고	_____ .
	_____ 을/를	_____ .
	_____ 을/를	_____ .
	_____ 소리를	_____ .

1~4단계에 따라 내가 겪은 일을 써요

내가 어디에서 무엇을 하였는지 알맞은 단어를 써서 연결하고, 문장을 완성하세요.

> ❶ **장소**를 나누어요   +   ❷ **한 일**을 떠올려요
>
> ❸ **연결**해요

◯ 에서
- 👁 보았다   ▢ , ▢
- 👃 맡았다   ▢ , ▢
- 👄 먹었다   ▢ , ▢
- ✋ 닦았다   ▢ , ▢

◯ 에서
- 👁 읽었다   ▢ , ▢
- 👂 감상했다   ▢ , ▢
- 👄 이야기했다   ▢ , ▢
- ✋ 놀았다   ▢ , ▢
- 🦶 올라갔다   ▢ , ▢

🦉 ◯ 에는 장소를 더 작은 장소로 나누어 써요. 예를 들면 **우리 집**은 **물건**을 중심으로 자세히 나눌 수 있어요.
(예) 거실에서 그림 퍼즐을 맞추었다. 거실 바닥에 그림 퍼즐 조각을 늘어놓았다. 거실 소파 아래로 퍼즐 조각 하나가 들어갔다.

❹ 문장으로 써요

_____ 에서   _____ 을/를   보았다_____.

_____ 을/를   _____.

_____ 을/를   _____.

_____   _____.

_____ 에서   _____ 을/를   읽었다_____.

_____ 을/를   _____.

_____ 을/를   _____.

_____   _____.

_____   _____.

쉬어 가기 1

길을 따라가며 각 그림에 알맞은 장소를 쓰세요.

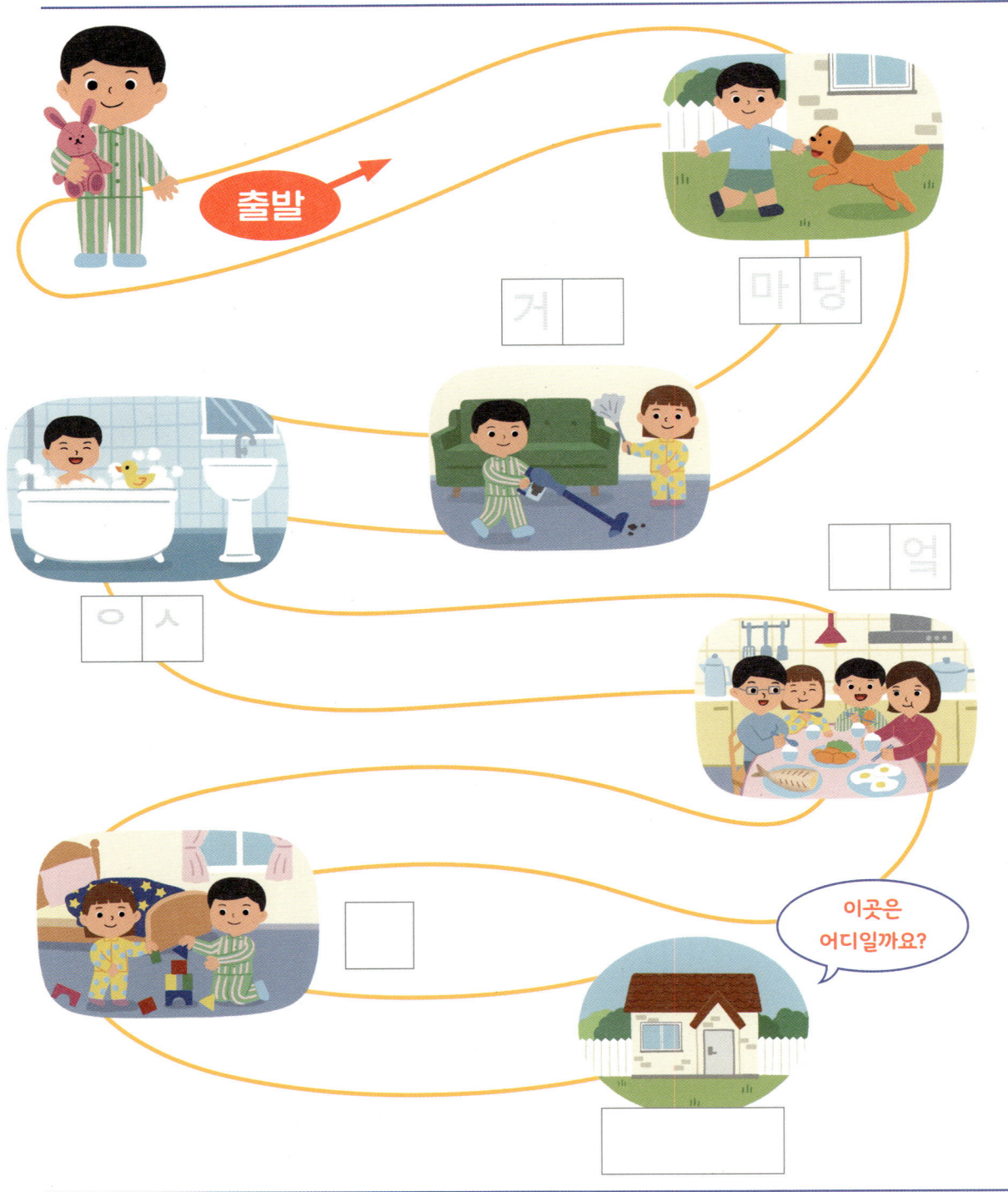

🦉 가족이나 친구와 **말 덧붙이기 놀이**를 해도 좋아요.
나: '학교에 가면 운동장도 있고'
친구: '학교에 가면 운동장도 있고, 복도도 있고'
나: '학교에 가면 운동장도 있고, 복도도 있고, 급식실도 있고'

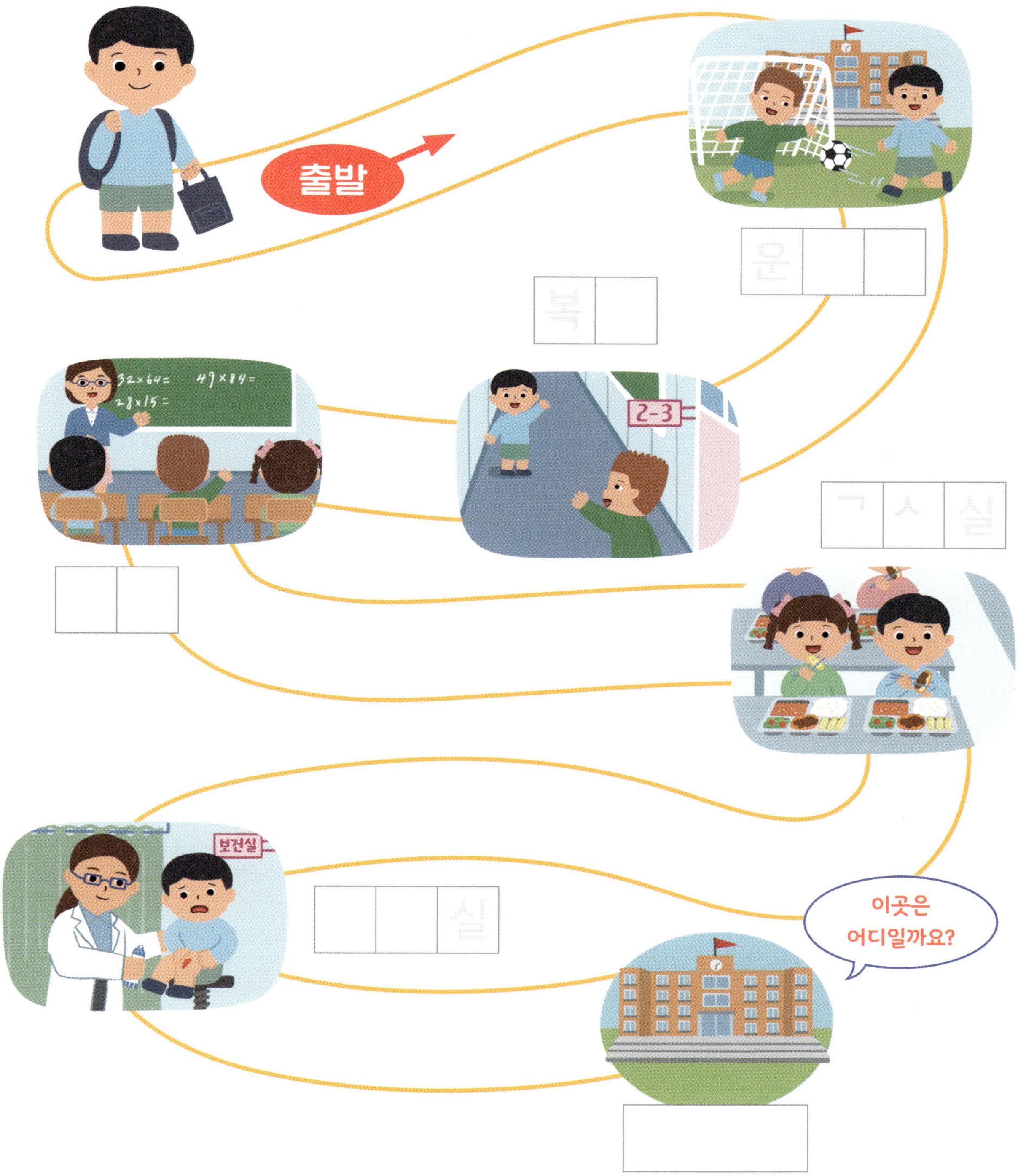

이곳은 어디일까요?

2 특별한 장소에서 겪은 일을 써요

1단계 특별한 장소를 나누어요

시장을 채소 가게, 신발 가게 등으로 나누어 쓰세요.

채소 가게

신발 가게

분식집

옷 가게

2단계 한 일을 떠올려요

토끼가 한 일을 살펴보고, 들은 것, 먹은 것, 산 것, 신은 것을 빈칸에 쓰세요.

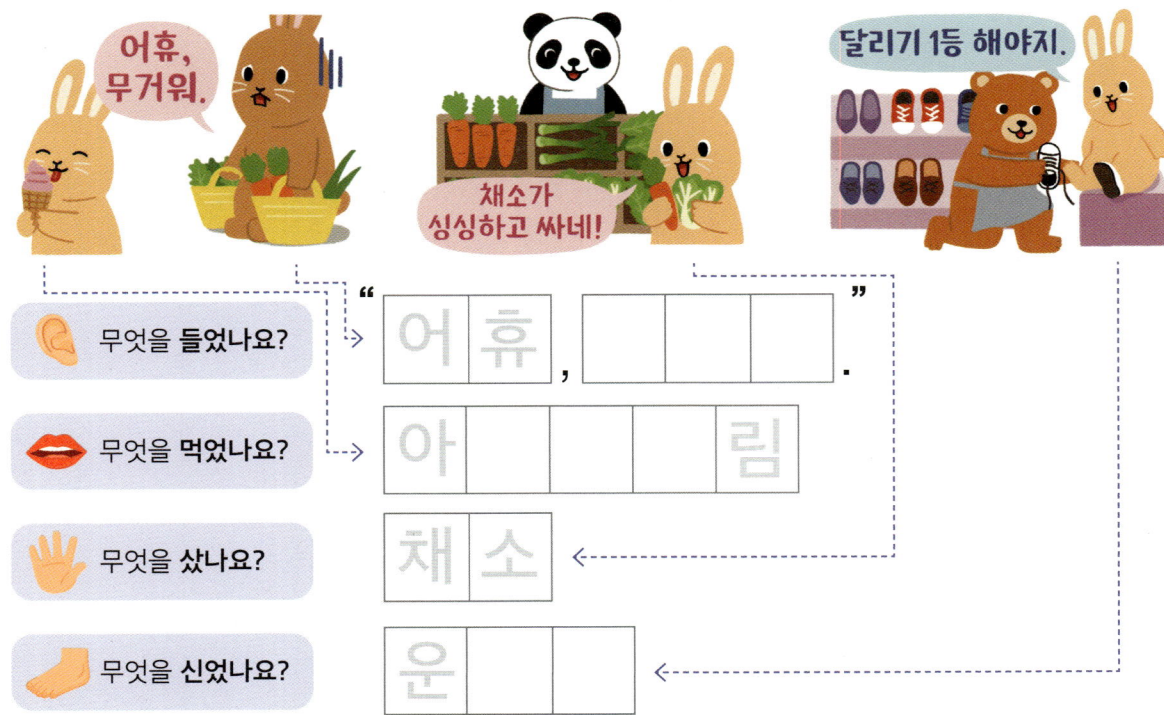

- 무엇을 들었나요? → "어휴, 무거워."
- 무엇을 먹었나요? → 아이스크림
- 무엇을 샀나요? → 채소
- 무엇을 신었나요? → 운동화

공부한 날짜: 월   일

장소를 **특징이 있는 장소**로 자세히 나누면 겪은 일을 많이 떠올릴 수 있어요.

✏️ 시장은 파는 물건에 따라 여러 가게로 나눌 수 있어요. 시장에서 볼 수 있는 다양한 장소를 나누어 빈칸에 쓰세요.

(생선 가게) , (   ) , (   )

(문구점) , (   ) , (   )

🦉 **장소**는 특징(파는 물건, 하는 일, 탈 것 등)에 따라 자세히 나눌 수 있어요. **시장**은 파는 물건에 따라 **과일을 파는 곳, 채소를 파는 곳, 옷을 파는 곳** 등으로 나눌 수 있어요.

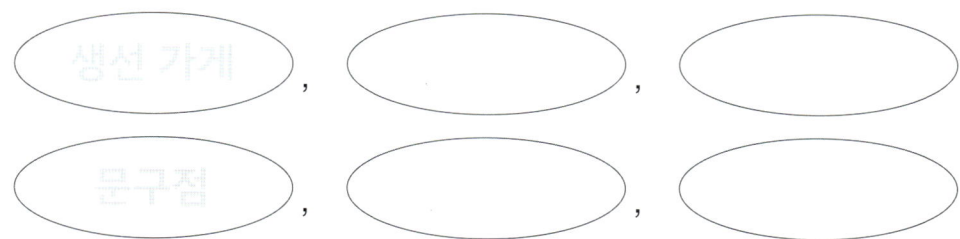

✏️ 내가 시장에서 한 일을 생각하며 빈칸에 알맞은 단어를 쓰세요.

👂 무엇을 들었나요?		,		,	
👄 무엇을 먹었나요?		,		,	
✋ 무엇을 샀나요?		,		,	
🦶 무엇을 신었나요?		,		,	
👁 무엇을 보았나요?		,		,	
✋ 무엇을 들었나요?		,		,	

🦉 한 일이 더 생각나지 않으면 빈칸을 비워 두어도 괜찮아요.

59

 **특별한 장소와 한 일을 연결해요**
작게 나눈 장소에서 무엇을 하였는지 연결해요.

토끼가 놀이공원에서 무엇을 하였는지 알맞은 단어를 쓰고 연결하세요.

 특별한 장소와 한 일을 문장으로 써요

작게 나눈 장소에서 무엇을 하였는지 문장으로 써요.

토끼가 놀이공원에서 무엇을 하였는지 문장으로 쓰세요.

➡️ **문장**

공원매점 에서
- ☐ 을/를 ☐샀다☐.
- ☐ 을/를 ☐.
- ☐ 을/를 ☐.
- ☐ 라고/고 ☐.
- ☐ 을/를 ☐.

회전목마 에서
- ☐ 을/를 ☐보았다☐.
- ☐ 을/를 ☐.
- ☐ 을/를 ☐.
- ☐ 을/를 ☐.
- ☐ 하고 ☐.

🦉 장소와 한 일을 연결하여 쓴 문장을 읽어요.
"공원 매점에서 풍선을 샀다."

이야기로 3단계와 4단계를 연습해요

『시골 쥐와 도시 쥐』 이야기를 읽고 쥐들이 **어디**에서 **무엇을 하였는지** 알맞은 단어를 쓰고 연결하세요.

장소 + **한 일**

시골 쥐는 도시 쥐와 시장에 갔어요. 과일 가게에서 바나나, 포도, 수박 등 여러 과일을 구경했어요. 선반 아래에서 빨간 사과를 주웠어요. 쥐들은 정말 신났어요. 사과에서 새콤한 냄새를 맡았어요. 그때 도시 쥐가 노란 바나나 껍질을 밟았어요. '꽈당!' 미끄러지고 말았지요. 도시 쥐는 깜짝 놀라 큰 소리를 질렀어요. "아이쿠!"

과일 가게 에서

여러 [과][일]을 — 👁 구경했다.
빨간 사과를 — ✋ [주][웠][다].
새콤한 냄새를 — 👃 [ ][ ]다.
바나나 껍질을 — 🦶 [밟][ ].
[큰][소][리]를 — 👄 [ ][ ].

생선 가게에서 "텀벙." 소리를 들었어요. 수족관에 있는 조개, 문어를 보았어요. 바다 냄새를 맡았어요. 쥐들은 정말 신기했어요. 시골 쥐는 물고기를 몰래 집었어요. 물고기가 파닥파닥 움직였어요. 그때 주인 아주머니가 "안 돼!"라고 외쳤어요. 주인 아주머니의 화난 얼굴을 보았어요. 시골 쥐와 도시 쥐는 깜짝 놀라서 도망쳤어요.

생선 가게 에서

"텀벙." 소리를 — 👂 [들].
조개, [ ][ ] — 👁 [ ].
[바][다] 냄새를 — 👃 [맡][았][다].
물고기를 — ✋ [집].
[ ][ ] 얼굴을 — 👁 [ ].
[놀][라][서] — 🦶 [도][망].

시골 쥐와 도시 쥐가 되어 겪은 일을 쓰고, 소리 내어 읽으세요.

문장

과일 가게 에서

여러 ☐☐ 을 구경했다.

빨간 ☐☐ 를 주웠다.

☐☐ 한 냄새를 맡았다.

도시 쥐가 ☐☐ 껍질을 ☐☐ .

"아이쿠!" 큰 ☐☐ 를 질 ☐☐ .

생선 가게 에서

" ☐☐ ." 소리를 ☐☐ .

☐☐ 와 문어를 보 ☐☐ .

☐☐ 냄새를 ☐☐ .

물 ☐☐ 를 몰래 ☐☐ .

아주머니의 ☐☐ 얼굴을 ☐☐ .

놀라서 ☐☐ .

 **겪은 일을 쓰는 단계를 적용해요**

토끼가 식물원에서 무엇을 하였는지 알맞은 단어를 써서 연결하고, 문장을 완성하세요.

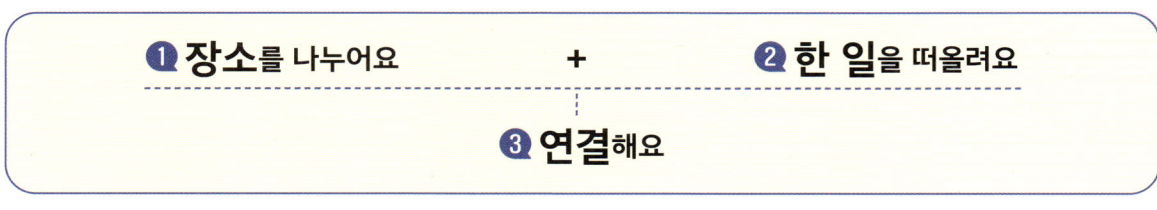

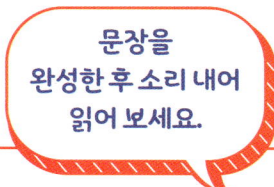

문장을 완성한 후 소리 내어 읽어 보세요.

❹ 문장으로 써요

_____온실_____ 에서　_____ 을/를　_____보았다_____.

　　　　　　　　　_____ 소리를　_____.

　　　　　　　　　_____ 을/를　_____.

　　　　　　　　　_____ 을/를　_____.

　　　　　　　　　_____ 을/를　_____.

_____ 에서　_____ 을/를　_____보았다_____.

　　　　　　　　　_____ 라고/고　_____.

　　　　　　　　　_____ 을/를　_____.

　　　　　　　　　_____ 을/를　_____.

　　　　　　　　　_____ 소리를　_____.

1~4단계에 따라 내가 겪은 일을 써요

내가 어디에서 무엇을 하였는지 알맞은 단어를 써서 연결하고, 문장을 완성하세요.

> ❶ **장소**를 나누어요　　+　　❷ **한 일**을 떠올려요
> 　　　　　　　❸ **연결**해요

◯ 에서
- 👁 구경했다　☐ , ☐
- 👃 맡았다　☐ , ☐
- 👄 말했다　☐ , ☐
- ✋ 만졌다　☐ , ☐

◯ 에서
- 👁 보았다　☐ , ☐
- 👂 들었다　☐ , ☐
- 👄 마셨다　☐ , ☐
- ✋ 주었다　☐ , ☐
- 🦶 걸었다　☐ , ☐

🦉 ◯에는 장소를 더 작게 나누어 써요. 예를 들면 **동물원**은 **동물이 사는 곳**(사막관, 바다 마을 등)이나 **동물이 사는 곳의 날씨**(열대 동물관, 북극 마을 등)에 따라 더 작게 나눌 수 있어요.

❹ 문장으로 써요

_____ 에서　_____ 을/를　_____ .

　　　　　　_____ 을/를　_____ .

　　　　　　_____ 을/를　_____ .

_____ 에서　_____ 을/를　_____ .

　　　　　　_____ 을/를　_____ .

　　　　　　_____ 을/를　_____ .

 쉬어 가기 2

그림을 보고 글자판에서 알맞은 장소를 찾아 ○ 표시를 하세요.

학	시	리	녹	부
체	너	장	옷	추
육	이	사	가	온
과	일	가	게	산

동화의 나라 놀이공원

유	놀	숲	밭	조
바	이	킹	소	매
차	공	표	점	장
트	원	콘	혹	아

정리하기 장소를 나누어 겪은 일 쓰기

장소를 나누어 겪은 일 쓰는 단계를 정리해요.

1 장소 를 나누어요.

첫째, 자주 가는 장소를 나눌 수 있어요.
장소를 안 과 밖 으로 나누거나 한 장소를 더 작은 장소 로 나눌 수 있어요. 또 장소 안의 물건을 중심으로 더 자세히 나눌 수 있어요.

둘째, 특별한 장소를 나눌 수 있어요.
파는 물건, 하는 일, 탈것 등 장소의 특징에 따라 더 작은 장소 로 나눌 수 있어요.

2 한 일 을 떠올려요.

첫째, 눈 , 코 , 귀 , 입 , 손 , 발 로 무엇을 하였는지 떠올릴 수 있어요.

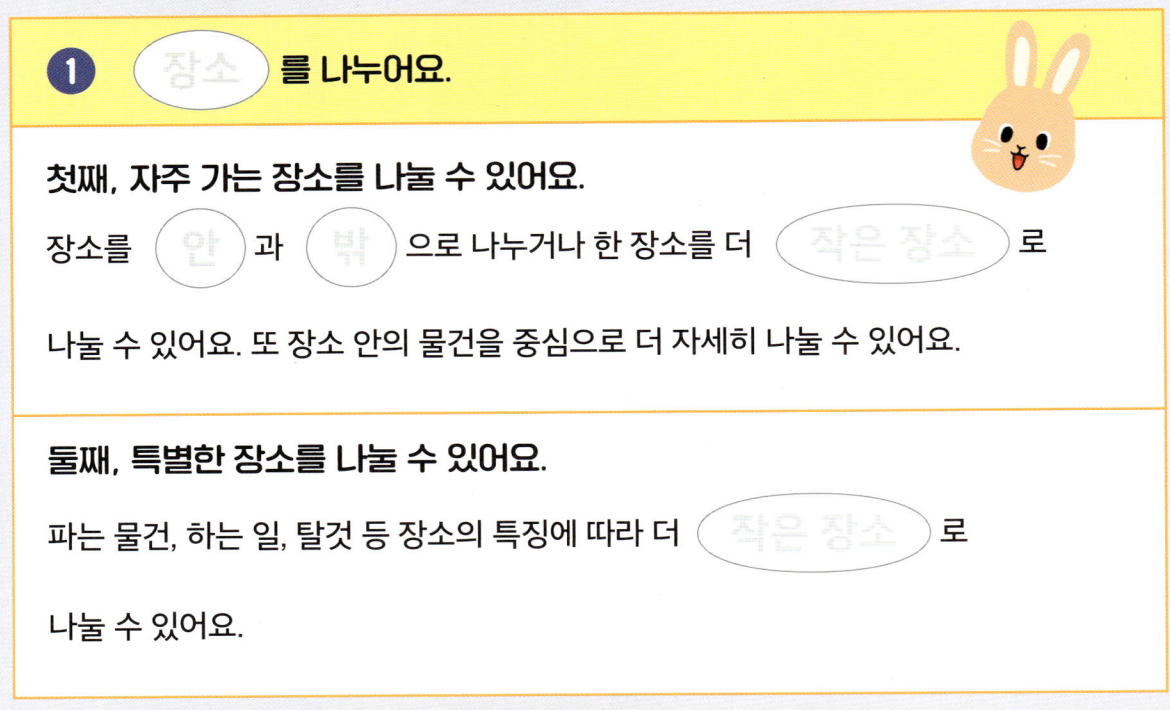

| 👁 | 읽었다 | 동화책 | 👃 | 맡았다 | 꽃향기 | 👂 | 들렸다 | 천둥소리 |
| 👄 | 불렀다 | 노래 | ✋ | 받았다 | 상장 | 🦶 | 찼다 | 제기 |

둘째, 눈, 코, 귀, 입, 손, 발로 무엇을 하였는지 다 양 하 게 떠올릴 수 있어요.

 🦶	걸었다	골목길, 공원
	넘어졌다	돌부리, 문턱
	걷어찼다	깡통, 대문

🦉 손으로 한 일은 '잡았다-잠자리', '썼다-편지' 등으로, 귀로 한 일은 '감상했다-음악', '귀 기울였다-부모님 말씀' 등으로 다양하게 떠올릴 수 있어요.

❸ 장소와 한 일을 연결 해요.

어디에서 무엇을 하였는지 연결해요.

❹ 장소와 한 일을 문장 으로 써요.

어디에서 무엇을 하였는지 문장으로 써요.

집	안에서	낮잠을 잤다.
	밖에서	줄넘기를 하였다. 초인종을 눌렀다.
놀이공원	바이킹에서	손을 흔들었다.
	범퍼카에서	"쿵!" 소리를 들었다. 핸들을 돌렸다.

기행문 쓰기

여행이나 현장 체험 학습에서 겪은 일을 기행문으로 써요.

1. 여행이나 현장 체험 학습에서 겪은 일을 떠올려 ◯에는 장소를, ▭에는 한 일을 쓰고 선으로 연결해요. 겪은 일이 많이 떠오른다면 ◯와 ▭를 더 그려서 쓸 수 있어요.

> 🦉 ◯에는 내가 갔던 여러 장소를 떠올리고 한 장소를 더 작은 장소로 나누어 써요.
> ▭에는 나눈 장소에서 👁 눈, 👃 코, 👂 귀, 👄 입, ✋ 손, 🦶 발로 한 일을 떠올려 겪은 일을 다양하게 쓸 수 있어요.

장소	한 일 👁 👃 👂 👄 ✋ 🦶 무엇을 하였나요?
◯	
◯	
◯	

💡 겪은 일이 생각나지 않으면 그림을 보고 비슷한 경험을 떠올려요.

다양한 형식으로 글 쓰기 1

2. 떠올린 '장소'와 '한 일' 중에서 필요한 것을 선택하여 기행문을 써요.

> 🦉 여행하면서 보고 듣고 겪은 일을 그때의 느낌과 함께 쓴 글을 기행문이라고 해요. 기행문을 쓸 때에는 언제 어디로 갔는지 쓰고, 그곳에서 한 일을 써요. 여행했던 장소를 차례대로 떠올리고 거기에서 한 일을 써요.

제목: (   )에 다녀와서

동시 쓰기

음식점에서 겪은 일에 생각이나 느낌을 덧붙여 동시를 써요.

1. 음식점이나 아이스크림 가게, 빵 가게 등에서 겪은 일을 떠올려 ◯에는 장소를, ▭에는 한 일을 쓰고 선으로 연결해요. 겪은 일이 많이 떠오른다면 ◯와 ▭를 더 그려서 쓸 수 있어요.

> 🦉 ◯에는 한 장소를 더 작은 장소로 나누어 써요.
> ▭에는 더 작게 나눈 장소에서 👁눈, 👃코, 👂귀, 👄입, ✋손, 🦶발로 한 일을 떠올려 겪은 일을 다양하게 쓸 수 있어요.

장소	한 일 👁 👃 👂 👄 ✋ 🦶 무엇을 하였나요?
◯	
◯	
◯	

💡 겪은 일이 생각나지 않으면 그림을 보고 비슷한 경험을 떠올려요.

다양한 형식으로 글 쓰기 2

2. 떠올린 '장소'와 '한 일' 중에서 필요한 것을 선택하여 동시를 써요.

🦉 겪은 일에 생각이나 느낌을 덧붙여 동시로 써요. 먼저 장소와 겪은 일을 연결하여 말해 보고, 장소별로 연을 구분해 보아요.

제목:
- -

🦉 동시를 쓰기 어렵다면 다음과 같이 해요.
1행에는 장소를 쓰고,
2행에는 그곳에서 한 일을 써 보세요.
3행에는 생각, 느낌을 덧붙여도 좋아요.

(예)
제목: 뷔페에 가면

중식 코너에서는
짜장면, 탕수육이 나를 부른다.
절대 거절할 수 없지!

양식 코너에서는
스테이크, 피자가 나를 부른다.
거기도 거절할 수 없지!

동시의 내용에 어울리는 그림을 그리거나 색을 칠해, 글과 그림이 어우러진 시화로 꾸며도 재미있어요. 다 쓰고 나면 가족이나 친구들 앞에서 소리 내어 읽어도 좋아요.

쉬어 가기 3

내가 갔던 장소를 떠올리며 그림을 색칠하세요.

빈칸에는 내가 갔던 장소 중 기억에 남는 장소를 쓰고, 그림으로 그리세요.

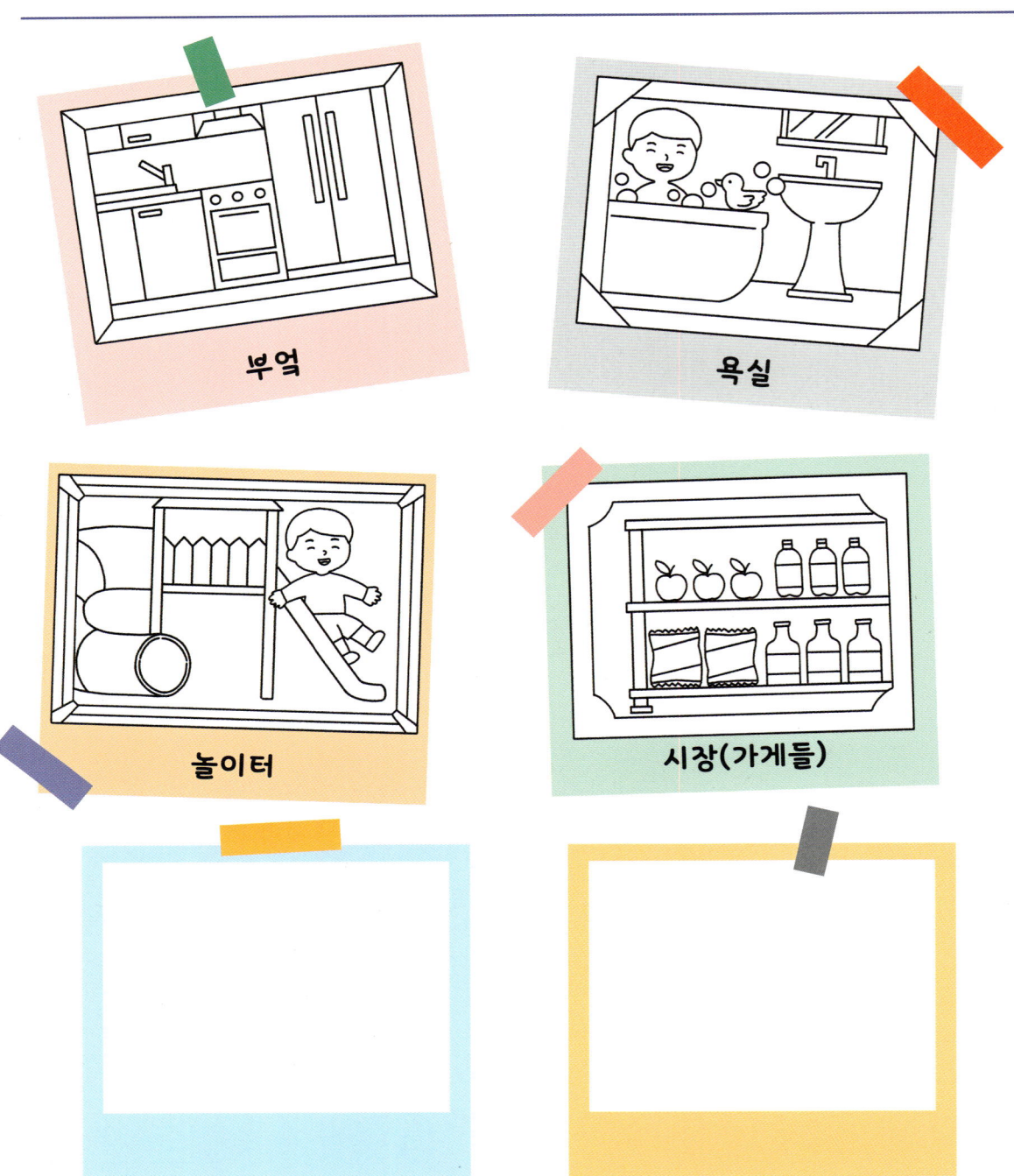

도서관

학교

수영장

동물원

3부 만난 사람을 나누어 겪은 일을 써요

① 가까운 사람과 겪은 일을 써요
② 특별한 사람과 겪은 일을 써요

다양한 형식으로 글 쓰기

- 편지 쓰기
- 설명하는 글 쓰기

1 가까운 사람과 겪은 일을 써요

1단계   가까운 사람을 나누어요

가족을 엄마, 아빠, 동생으로 나누어 쓰세요.

2단계   한 일을 떠올려요

하마가 친구와 한 일을 살펴보고, 한 것, 찾은 것, 들은 것을 빈칸에 쓰세요.

공부한 날짜: 월   일

가까운 사람을 **가족**이나 **친구**로 나누면 겪은 일을 많이 떠올릴 수 있어요.

✏️ 가족을 엄마, 형 등으로, 친구를 반 친구, 짝 등으로 나눌 수 있어요. 가까운 사람을 다양하게 나누어 빈칸에 쓰세요.

가족: (엄마) , (   ) , (   )

--> (   ) 와/과 함께

친구: (반 친구) , (   ) , (   )

--> (   ) 와/과 함께

눈 👁️ , **코** 👃 , **귀** 👂 , **입** 👄 , **손** ✋ , **발** 🧦 을 생각하며 한 일을 떠올려요.

✏️ 내가 친구와 한 일을 생각하며 빈칸에 알맞은 단어를 쓰세요.

✋ 무엇을 **하였나요**?	,	,	
👁️ 무엇을 **찾았나요**?	,	,	
👂 무엇을 **들었나요**?	,	,	
👃 무슨 냄새를 **맡았나요**?	,	,	
🧦 무엇을 **탔나요**?	,	,	

🦉 한 일이 더 생각나지 않으면 빈칸을 비워 두어도 괜찮아요.

81

3단계 가까운 사람과 한 일을 연결해요

가족과 무엇을 하였는지 연결해요.

하마가 가족과 무엇을 하였는지 알맞은 단어를 쓰고 연결하세요.

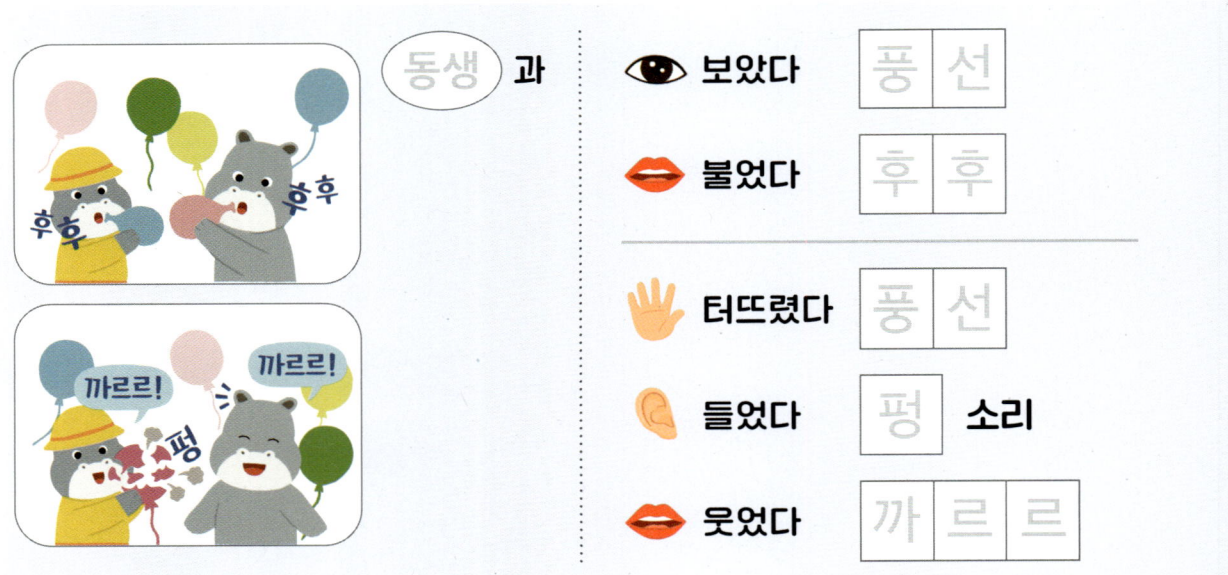

4단계 가까운 사람과 한 일을 문장으로 써요

가족과 무엇을 하였는지 문장으로 써요.

하마가 가족과 무엇을 하였는지 문장으로 쓰세요.

→ 문장

엄마 와 [　　] 에 [갔다].
　　　　[　　] 소리를 [　　].
　　　　[　　] 라고 [　　].
　　　　[　　] 을/를 [　　].
　　　　[　] 와/과 [　] 을/를 [　].

동생 과 [　　] 을/를 [보았다].
　　　　[　　] 하고 [　　].
　　　　[　　] 을/를 [　　].
　　　　[　　] 소리를 [　　].
　　　　[　　] 하고 [　　].

🦉 만난 사람과 한 일을 연결하여 쓴 문장을 읽어요.
"엄마와 시장에 갔다."

이야기로 3단계와 4단계를 연습해요

『개미와 베짱이』이야기를 읽고 개미가 누구와 무엇을 하였는지 알맞은 단어를 쓰고 연결하세요.

만난 사람 + 한 일

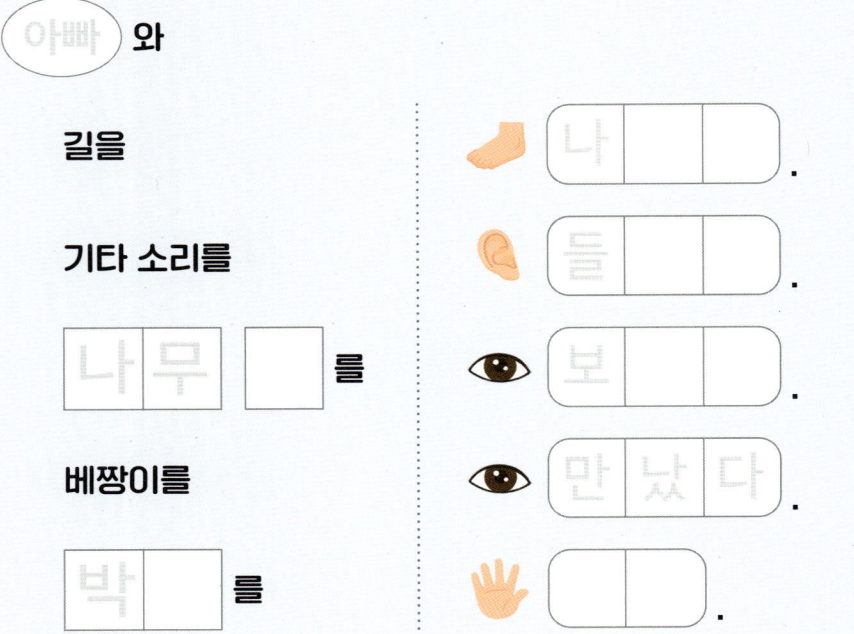

개미는 아빠와 먹이를 구하러 길을 나섰어요. 멀리서 들려오는 기타 소리를 들었어요. 소리가 들려오는 나무 위를 보았어요. 나무 위에서 노래하는 베짱이를 만났어요. 멋진 노래에 박수를 쳤어요.

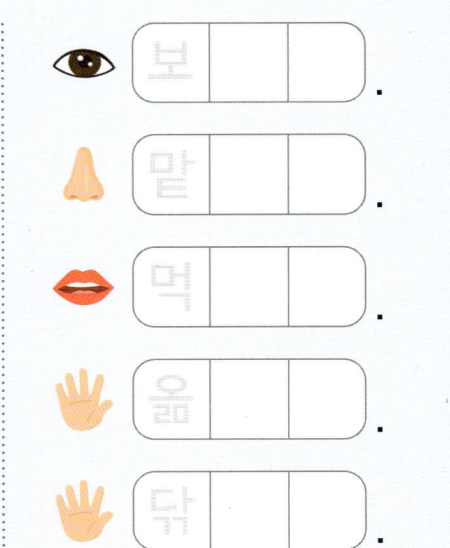

개미는 아빠와 한참을 걸어가다가 길에 떨어진 갈색 과자를 보았어요. 고소한 냄새를 맡았어요. 과자를 한입 먹었어요. 몸보다 큰 과자를 집으로 열심히 옮겼어요. 이마에 흐르는 땀을 닦았어요.

개미가 되어 겪은 일을 쓰고, 소리 내어 읽으세요.

→ 문장

아빠 와
길을 나섰다.
기타 □□ 를 □□□.
소리가 들리는 나무 위를 □□□.
노래하는 베□ 를 □□□.
멋진 노래에 □□ 를 □□.

아빠 와
갈색 □□ 를 보았다.
고소한 □□ 를 □□□.
□□ 를 한입 □□□.
몸보다 큰 과자를 집으로 □□□.
이마의 □ 을 □□□.

 **겪은 일을 쓰는 단계를 적용해요**

하마가 가족과 무엇을 하였는지 알맞은 단어를 써서 연결하고, 문장을 완성하세요.

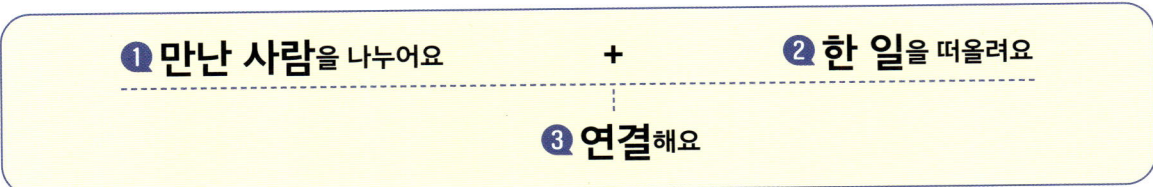

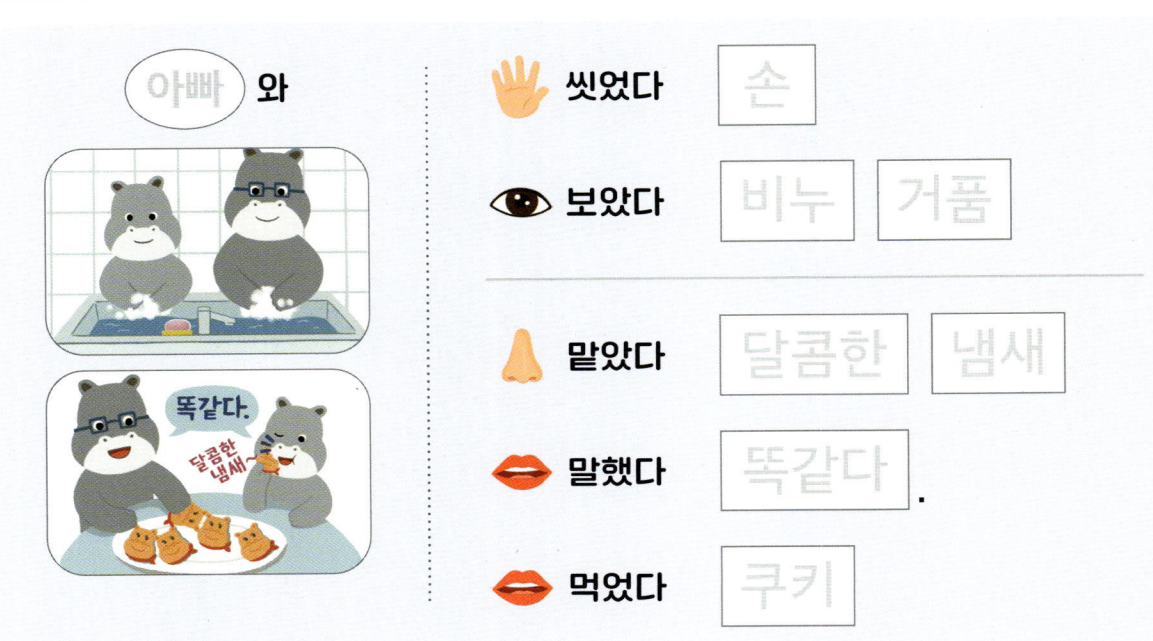

문장을 완성한 후 소리 내어 읽어 보세요.

❹ 문장으로 써요

할머니 와 _____ 와/과 _____ 을/를 _____.

_____ 을/를 _____.

_____ 을/를 _____.

_____ 을/를 _____.

_____ 을/를 _____.

_아빠_ 와 _____ 을/를 _____.

_____ 을/를 _____.

_____ 을/를 _____.

_____ 라고/고 _____.

_____ 을/를 _____.

1~4단계에 따라 내가 겪은 일을 써요

내가 누구와 무엇을 하였는지 알맞은 단어를 써서 연결하고, 문장을 완성하세요.

```
❶ 만난 사람을 나누어요     +     ❷ 한 일을 떠올려요
                  ❸ 연결해요
```

◯ 와/과
- 👁 보았다 ▢ , ▢
- 👃 맡았다 ▢ , ▢
- 👄 먹었다 ▢ , ▢
- 👂 들었다 ▢ , ▢
- ✋ 잡았다 ▢ , ▢

◯ 와/과
- 👁 찾았다 ▢ , ▢
- 👄 불렀다 ▢ , ▢
- 👂 들었다 ▢ , ▢
- ✋ 접었다 ▢ , ▢
- 🦶 밟았다 ▢ , ▢

🦉 ◯에는 **만난 사람**을 **가족**(할머니, 아빠, 엄마, 누나, 동생 등)과 **친구**(반 친구, 동네 친구, 학원 친구, 짝 등)로 나누어 써요.

④ 문장으로 써요

와/과	을/를	.
	을/를	.
	을/를	.
	을/를	.

와/과	을/를	.
	을/를	.
	을/를	.
		.
		.

쉬어 가기 1

그림을 색칠하고 짝이 되는 그림을 찾아보세요.
그리고 누구와 함께한 일인지 쓰세요.

친구 와/과   할머니 와/과

친구 와/과

동생 와/과

2 특별한 사람과 겪은 일을 써요

1단계 특별한 사람을 나누어요

특별한 사람을 친척과 선생님 등으로 나누어 쓰세요.

2단계 한 일을 떠올려요

공룡이 외삼촌과 한 일을 살펴보고, 👁 본 것, 👂 들은 것, 👄 부른 것, ✋ 잡은 것을 빈칸에 쓰세요.

공부한 날짜: 월   일

특별한 사람을 친척, 선생님, 이웃으로 나누면 겪은 일을 많이 떠올릴 수 있어요.

✏️ 특별한 사람을 이웃으로 나눌 수 있어요. 이웃을 다양하게 나누어 빈칸에 쓰세요.

(   ) , (   ) , (   ) , (   )

🦉 이웃은 볼 수 있는 장소, 하는 일 등에 따라 '옆집 아저씨, 문구점 아주머니, 버스 기사, 의사 선생님' 등으로 나눌 수 있어요.

눈 👁, 코 👃, 귀 👂, 입 👄, 손 ✋, 발 🦶 을 생각하며 한 일을 떠올려요.

✏️ 내가 친척과 한 일을 생각하며 빈칸에 알맞은 단어를 쓰세요.

👁 무엇을 보았나요?	,	,	
👂 무엇을 들었나요?	,	,	
👄 무엇을 불렀나요?	,	,	
✋ 무엇을 잡았나요?	,	,	
👃 무슨 냄새를 맡았나요?	,	,	
🦶 무엇을 밟았나요?	,	,	

🦉 한 일이 더 생각나지 않으면 빈칸을 비워 두어도 괜찮아요.

 **3단계** **특별한 사람과 한 일을 연결해요**

선생님과 무엇을 하였는지 연결해요.

공룡이 선생님과 무엇을 하였는지 알맞은 단어를 쓰고 연결하세요.

만난 사람 + 한 일

담임 선생님 과
- 탔다 — 버스
- 맸다 — 안전벨트
- 들었다 — 도착 했습니다.
- 보았다 — 잎
- 캤다 — □□□

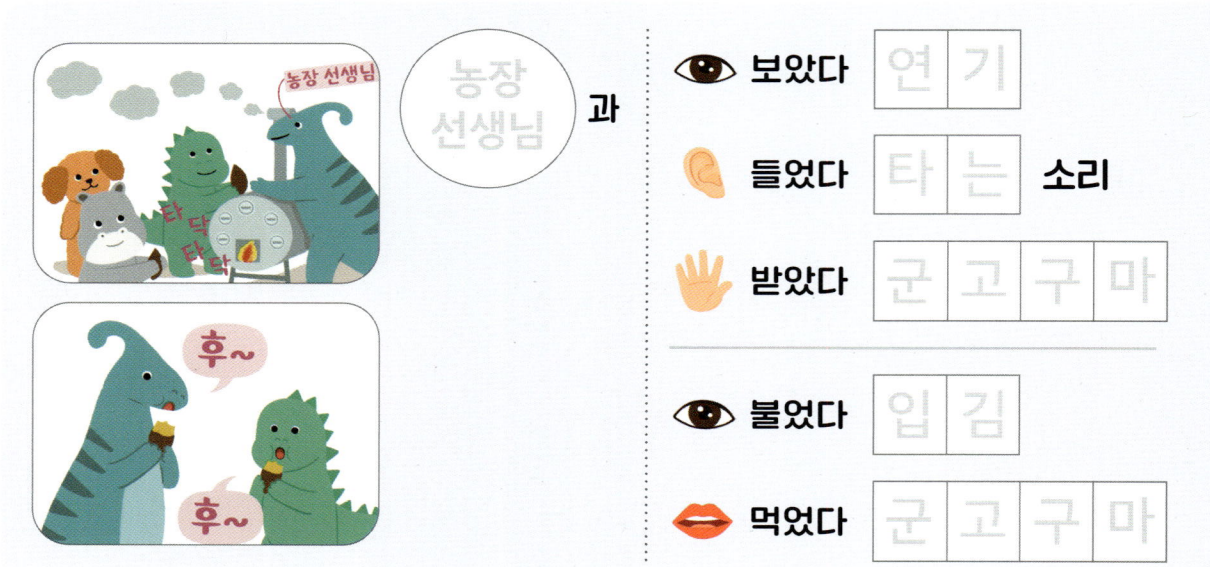

농장 선생님 과
- 보았다 — 연기
- 들었다 — 타는 소리
- 받았다 — 군고구마
- 불었다 — 입김
- 먹었다 — 군고구마

🦉 **만난 사람**을 다양하게 나누면 겪은 일을 많이 쓸 수 있어요. **특별한 사람**은 장소와 하는 일을 중심으로 **학교 선생님**, 도서관 사서 선생님, 과일 가게 아저씨, 편의점 아주머니 등으로 나눌 수 있어요.

4단계 특별한 사람과 한 일을 문장으로 써요

선생님과 무엇을 하였는지 문장으로 써요.

공룡이 선생님과 무엇을 하였는지 문장으로 쓰세요.

→ 문장

담임 선생님과
- [　　　　] 을/를 [탔다].
- [　　　　] 을/를 [　　].
- [　　　　] 라는 말을 [　　].

- [　　　　] 을/를 [　　].
- [　　　　] 을/를 [　　].

농장 선생님과
- [　　　　] 을/를 [보았다].
- [　　　　] 소리를 [　　].
- [　　　　] 을/를 [　　].

- [　　　　] 을/를 [　　].
- [　　　　] 을/를 [　　].

🦉 특별한 사람과 한 일을 연결하여 쓴 문장을 읽어요.
"담임 선생님과 버스를 탔다."

이야기로 3단계와 4단계를 연습해요

『신데렐라』 이야기를 읽고 신데렐라가 누구와 무엇을 하였는지 알맞은 단어를 쓰세요.

신데렐라는 오늘도 동물 친구와 청소를 했어요. 벽에 비스듬히 기대어 있는 빗자루를 잡았어요. 창밖에서 "투두둑." 떨어지는 빗소리를 들었어요. 떨어지는 빗소리에 맞춰 바닥을 쓸었어요. 마치 춤을 추는 것 같아 모두들 "깔깔깔." 웃었어요.

신데렐라는 왕자와 맛있는 음식을 먹었어요. 무도회장을 울리는 흥겨운 음악 소리를 들었어요. 그리고 춤을 추었어요. 밖으로 나가 캄캄한 밤하늘에 쏟아지는 별똥별을 보았어요. 그때 "땡, 땡, 땡, 땡……." 밤 12시를 알리는 종소리를 들었어요.

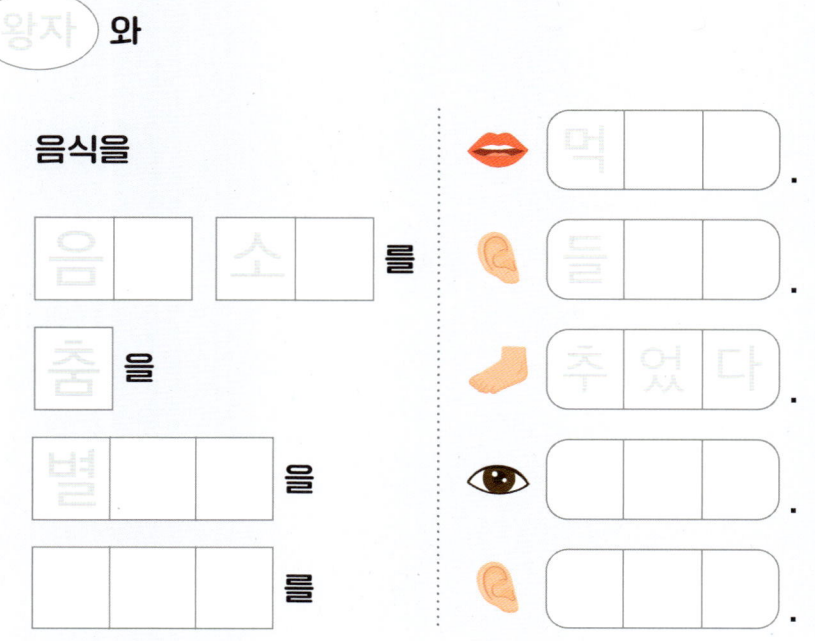

신데렐라가 되어 겪은 일을 쓰고, 소리 내어 읽으세요.

> **문장**

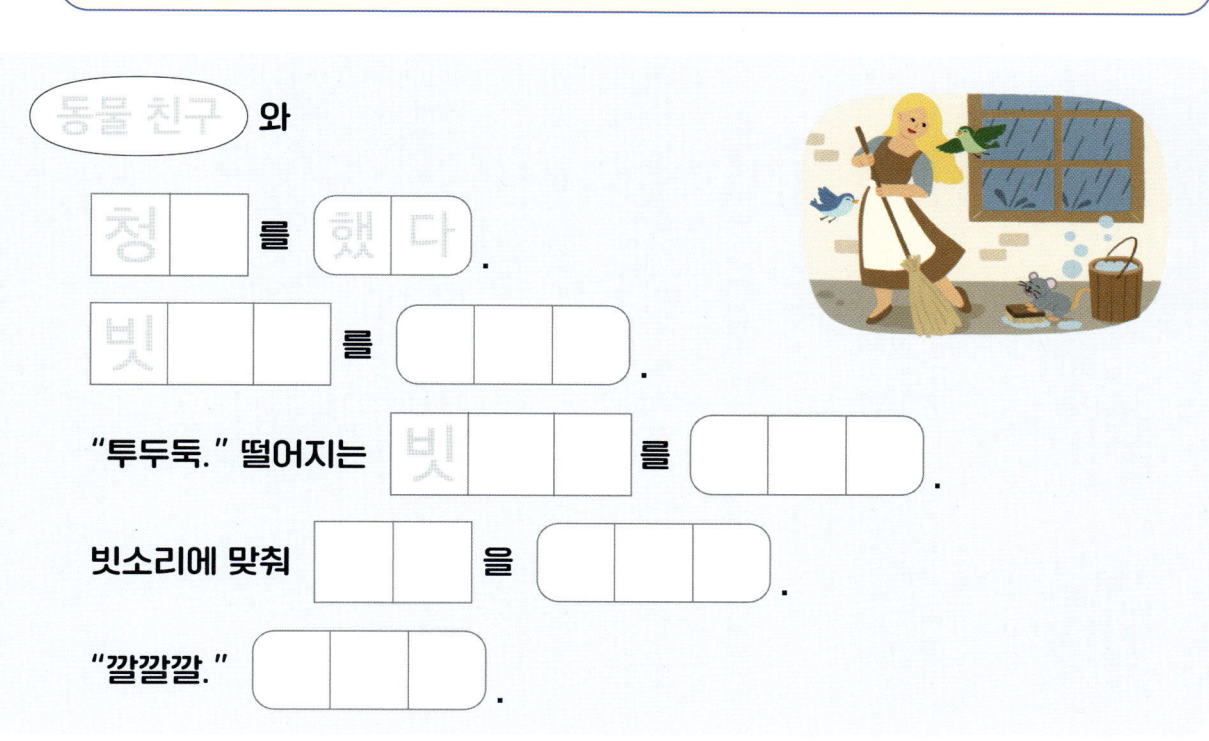

동물 친구 와

청☐를 했다.

빗☐☐를 ☐☐☐.

"투두둑." 떨어지는 빗☐☐를 ☐☐.

빗소리에 맞춰 ☐☐을 ☐☐☐.

"깔깔깔." ☐☐.

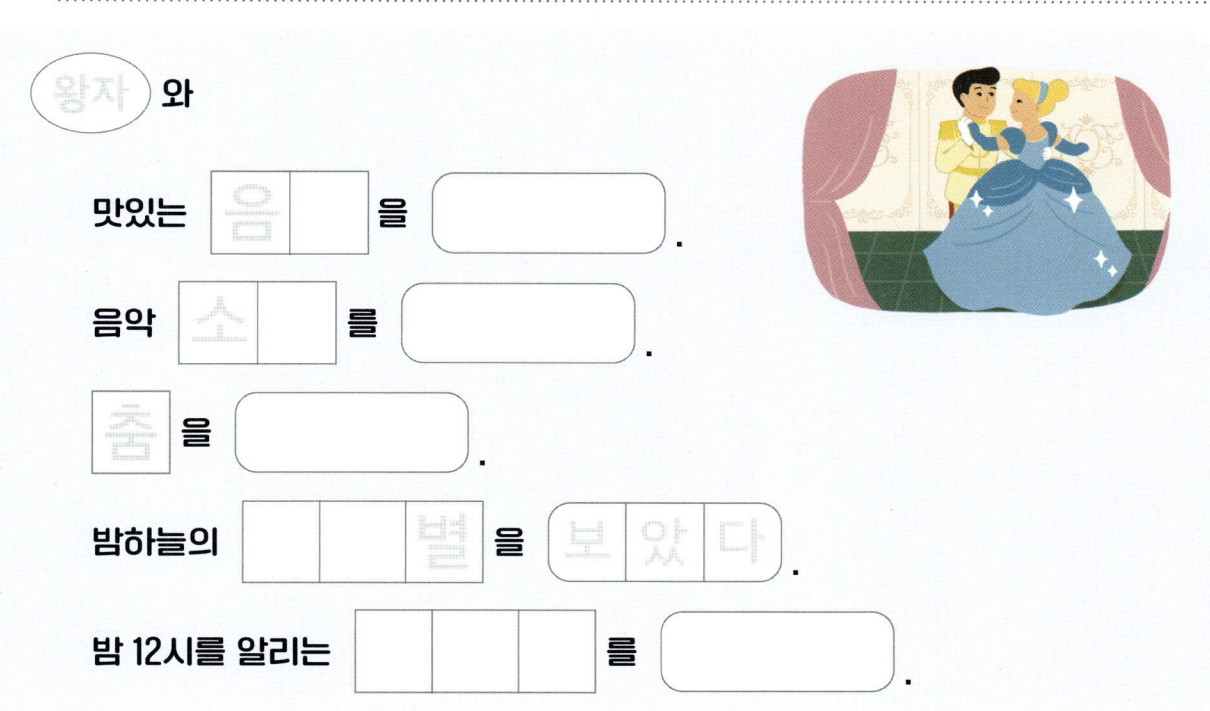

왕자 와

맛있는 음☐을 ☐☐☐.

음악 소☐를 ☐☐☐.

춤을 ☐☐☐.

밤하늘의 ☐☐별을 보았다.

밤 12시를 알리는 ☐☐☐를 ☐☐.

 **겪은 일을 쓰는 1~4단계를 적용해요**

공룡이 이웃과 무엇을 하였는지 알맞은 단어를 써서 연결하고, 문장을 완성하세요.

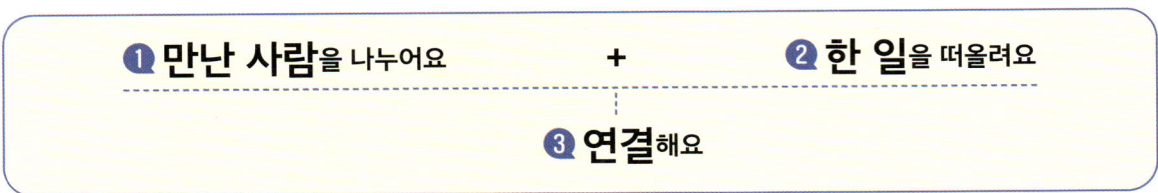

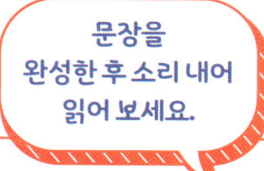

문장을 완성한 후 소리 내어 읽어 보세요.

❹ 문장으로 써요

_____ 와/과　_____ 을/를　_____.

　　　　　　　　　_____ 을/를　_____.

　　　　　　　　　_____ 을/를　_____.

　　　　　　　　　_____ 을/를　_____.

　　　　　　　　　_____ 을/를　_____.

_____ 와/과　_____ 을/를　_____.

　　　　　　　_____ 와/과 _____ 을/를　_____.

　　　　　　　　　_____ 을/를　_____.

　　　　　　　_____ 와/과 _____ 을/를　_____.

　　　　　　　　　_____ 을/를　_____.

1~4단계에 따라 내가 겪은 일을 써요

내가 누구와 무엇을 하였는지 알맞은 단어를 써서 연결하고, 문장을 완성하세요.

> ❶ **만난 사람**을 나누어요   +   ❷ **한 일**을 떠올려요
> ❸ **연결**해요

◯ 와/과

- 👁 보았다 ☐ , ☐
- 👃 맡았다 ☐ , ☐
- 👄 먹었다 ☐ , ☐
- 👂 들었다 ☐ , ☐
- ✋ 잡았다 ☐ , ☐

◯ 와/과

- 👁 찾았다 ☐ , ☐
- 👄 말했다 ☐ , ☐
- 👂 들었다 ☐ , ☐
- ✋ 쳤다 ☐ , ☐
- 🦶 뛰었다 ☐ , ☐

🦉 ◯에는 **만난 사람**을 **친척**(고모, 사촌 형 등)과 **선생님**(학교 선생님, 축구 선생님 등), **이웃**(옆집 아주머니, 슈퍼 아저씨 등)으로 나누어 써요.

❹ **문장**으로 써요

_____ 와/과   _____ 을/를   _____.

                       _____ 을/를   _____.

                       _____ 을/를   _____.

                       _____ 을/를   _____.

                                             _____.

_____ 와/과   _____ 을/를   _____.

                       _____ 라고/고   _____.

                       _____ 을/를   _____.

                                             _____.

                                             _____.

101

쉬어 가기 2

주인공이 누구와 무엇을 하였는지 생각하며 그림을 색칠하세요.
그리고 빈칸에 함께한 사람을 쓰고, 무엇을 하였는지 말하세요.

친구 하마 와/과

친구 하마 와/과

친구 하마 와/과

선생님 와/과

선생님, 피아노 소리가 정말 좋아요!

선생님 와/과

선생님 와/과

 **만난 사람을 나누어 겪은 일 쓰기**

만난 사람을 나누어 겪은 일 쓰는 단계를 정리해요.

❶ 만난 사람 을 나누어요.

첫째, 가까운 사람을 나눌 수 있어요.

가족 은 할아버지, 엄마, 동생 등으로 나눌 수 있어요.

친구 는 반 친구, 모둠 친구, 짝 등으로 나눌 수 있어요.

둘째, 특별한 사람을 나눌 수 있어요.

친척 , 선생님 , 이웃 으로 나눌 수 있어요.

이웃은 만난 장소에 따라 옆집 아저씨 , 슈퍼 아주머니 등으로 나눌 수 있어요.

❷ 한 일 을 떠올려요.

첫째, 눈 , 코 , 귀 , 입 , 손 , 발 로 무엇을 하였는지 떠올릴 수 있어요.

- 👁 보았다 영화
- 👄 먹었다 팝콘
- 👃 맡았다 향기
- ✋ 들었다 방석
- 👂 들었다 광고 소리
- 🦶 달렸다 운동장

둘째, 눈, 코, 귀, 입, 손, 발로 무엇을 하였는지 다양하게 떠올릴 수 있어요.

- 그렸다 그림, 얼굴
- 샀다 카드, 떡볶이
- 쳤다 박수, 어깨

 🦶 발로 한 일은 '뛰었다-운동장', '밟았다-돌' 등으로,
👄 입으로 한 일은 '부탁하다-심부름', '떠들다-소식' 등으로 다양하게 떠올릴 수 있어요.

❸ 만난 사람과 한 일을  해요.

누구와 무엇을 하였는지 연결해요.

 +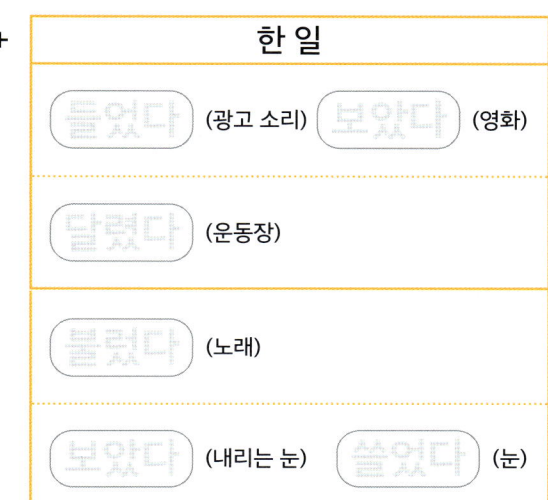

❹ 만난 사람과 한 일을  으로 써요.

누구와 무엇을 하였는지 문장으로 써요.

가족	동생과	광고 소리를 들었다. 영화를 보았다.
	아빠와	운동장을 달렸다.
이웃	선생님과	노래를 불렀다.
	경비 아저씨와	내리는 눈을 보았다. 눈을 쓸었다.

편지 쓰기

가족이나 친구와 여행을 하면서 겪은 일을 편지로 써요.

1. 여행을 하며 만난 사람을 떠올려 ◯에는 만난 사람을, ☐에는 한 일을 쓰고, 만난 사람과 한 일을 선으로 연결해요. 여행하면서 만난 사람이 많이 떠오른다면 ◯와 ☐를 더 그려서 쓸 수 있어요.

> 🦉 ◯에는 만난 사람을 나누어 써요. ☐에는 만난 사람과 👁눈, 👃코, 👂귀, 👄입, ✋손, 🦶발로 한 일을 떠올려 겪은 일을 다양하게 쓸 수 있어요.

| 만난 사람 | 한 일 👁 👃 👂 👄 ✋ 🦶 무엇을 하였나요? |

💡 겪은 일이 생각나지 않으면 그림을 보고 비슷한 경험을 떠올려요.

2. 떠올린 '만난 사람'과 '한 일' 중에서 필요한 것을 선택하여 편지를 써요.

에게 / 께

> 내가 만난 사람과 겪은 일을 담아 소식을 전하고 싶은 사람에게 편지를 써요. 친구, 부모님, 할머니, 할아버지 등에게 편지를 보낼 수 있어요.

월   일

가 / 올림

설명하는 글 쓰기

누군가를 도와주었던 일을 설명하는 글로 써요.

1. 누군가를 도와주었던 일을 떠올려 ◯에는 만난 사람을, ▭에는 한 일을 쓰고, 만난 사람과 한 일을 선으로 연결해요. 누군가를 도와주었던 일이 많이 떠오른다면 ◯와 ▭를 더 그려서 쓸 수 있어요.

> 🦉 ◯에는 내가 만난 사람을 나누어 써요. ▭에는 만난 사람과 👁눈, 👃코, 👂귀, 👄입, ✋손, 🦶발로 한 일을 떠올려 겪은 일을 다양하게 쓸 수 있어요.

| 만난 사람 | 한 일 | 무엇을 하였나요? |

💡 겪은 일이 생각나지 않으면 그림을 보고 비슷한 경험을 떠올려요.

다양한 형식으로 글 쓰기 2

2. 떠올린 '만난 사람'과 '한 일' 중에서 필요한 것을 선택하여 설명하는 글을 써요.

🦉 내가 겪은 일을 떠올려 다른 사람에게 설명하는 글로 써요. 자신이 누군가를 도와주었거나 도움을 받았던 일을 만난 사람과 한 일로 자세히 쓰면 설명하는 글을 쓰기 쉬워요.

🦉 설명하는 글을 쓴 다음, 친구나 부모님 앞에서 소리 내어 읽어요.

쉬어 가기 3

하마가 누구와 무엇을 하였는지 살펴보고, 만난 사람을 쓰세요.

엄마   아빠   동생

경비 아저씨

선생님   짝

반 친구

옆집 할머니

강아지

자유 글쓰기 1 시간, 장소, 만난 사람을 나누어 겪은 일 쓰는 단계를 떠올려 보세요. 그리고 아래 단어 중 한두 가지를 골라 자유롭게 글로 쓰세요.

일상생활 속 시간
- 낮 - 밤
- 아침 - 점심 - 저녁
- 월요일 ~ 일요일
- 봄 - 여름 - 가을 - 겨울

자주 가는 장소
집
거실   부엌   욕실
방   마당

학교
교실   급식실   체육관
보건실   운동장

도서관
반납함 옆
책꽂이 앞

가까운 사람
가족
부모님
할머니   할아버지
동생   형   언니

친구
반 친구
동네 친구
모둠 친구
짝

자유 글쓰기 2 시간, 장소, 만난 사람을 나누어 겪은 일 쓰는 단계를 떠올려 보세요. 그리고 아래 단어 중 한두 가지를 골라 자유롭게 글로 쓰세요.

특별한 날
- 배 아팠을 때
- 줄넘기 대회를 할 때
- 첫 연습 시간
- 공연 시간
- 눈 오는 날
- 비 오는 날
- 설날 추석날
- 생일날 입학식날

특별한 장소
시장
- 과일 가게 미용실
- 분식집 문구점

놀이공원
- 매표소 매점
- 회전목마 바이킹

동물원
- 새 마을 사자 우리
- 물개 쇼 공연장

특별한 사람
친척
- 삼촌 큰아빠 고모
- 이모 사촌 누나

선생님
- 담임 선생님 미술 선생님
- 축구 선생님

이웃
- 옆집 아주머니 경비 아저씨
- 문구점 아주머니

1부. 시간을 나누어 겪은 일을 써요
정답 및 예시 답

12~13쪽

14~15쪽

16~17쪽

18~19쪽

24~25쪽

26~27쪽

28~29쪽

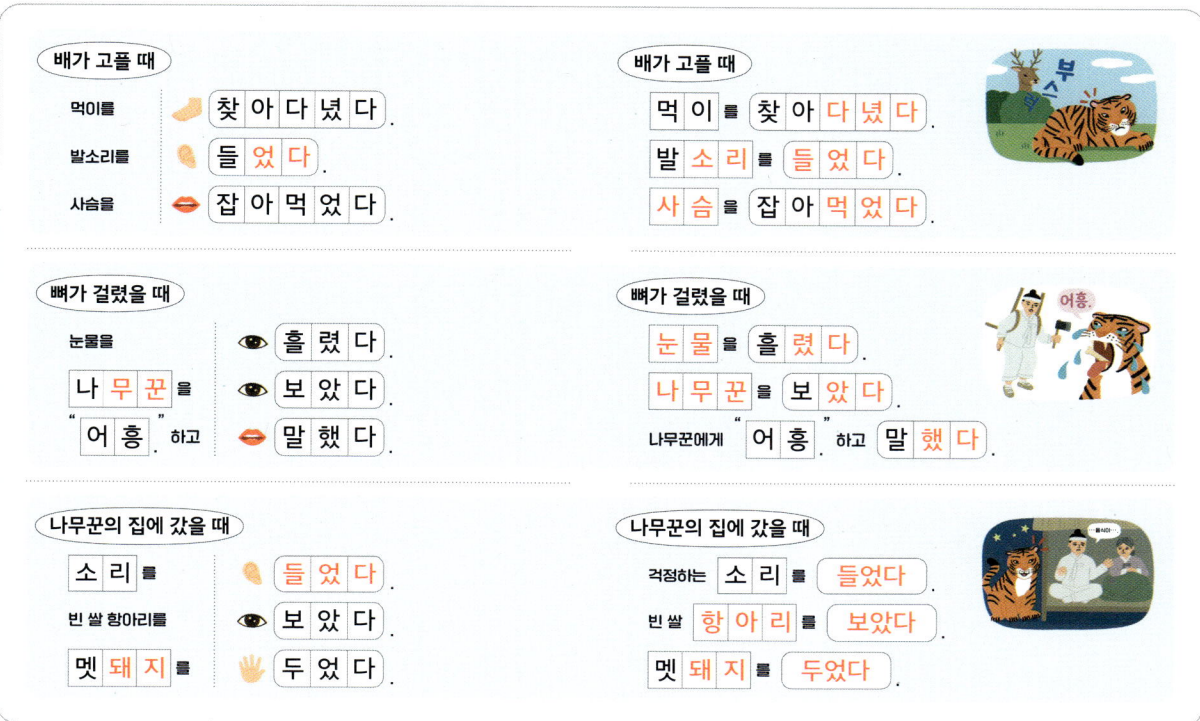

30~31쪽

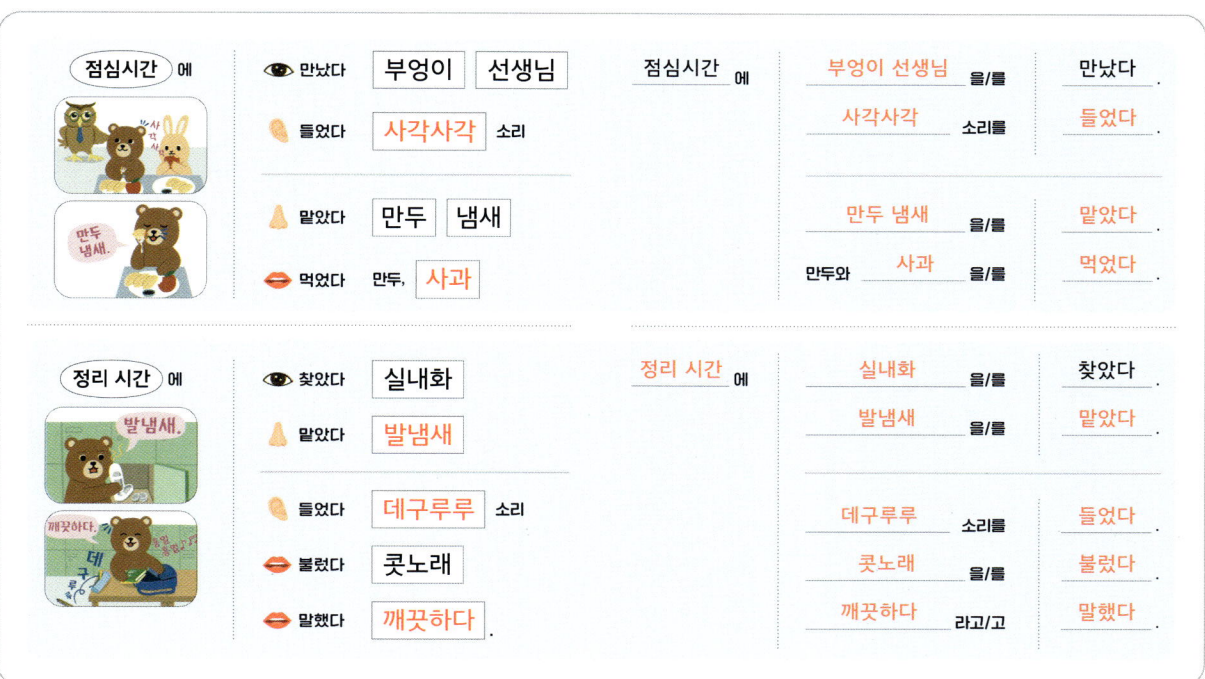

2부. 장소를 나누어 겪은 일을 써요
정답 및 예시 답

46~47쪽

48~49쪽

50~51쪽

52~53쪽

58~59쪽

60~61쪽

62~63쪽

64~65쪽

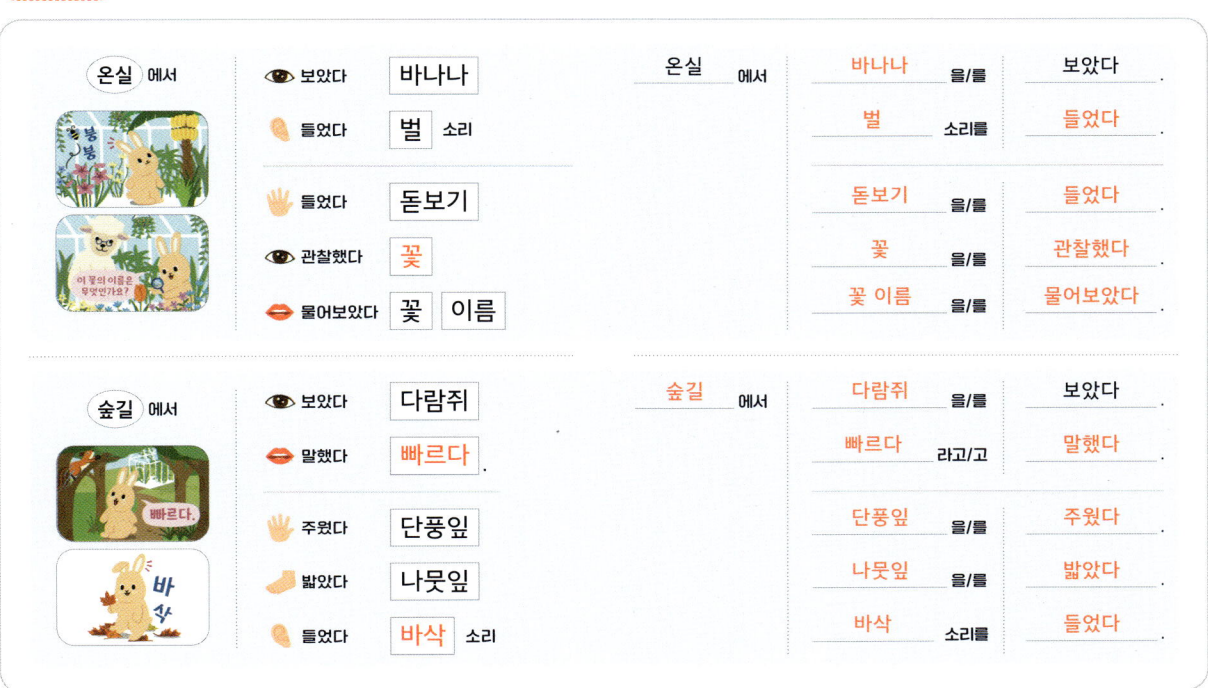

3부. 만난 사람을 나누어 겪은 일을 써요
정답 및 예시 답

80~81쪽

82~83쪽

84~85쪽

86~87쪽

96~97쪽

98~99쪽

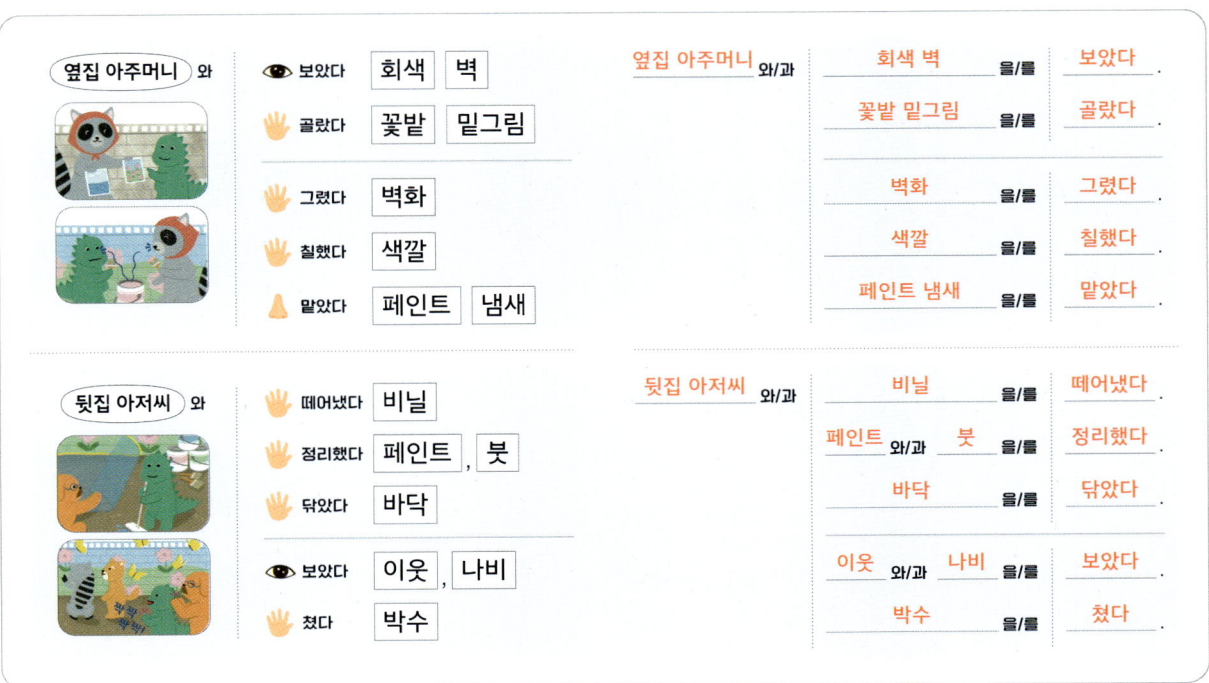

아하 초등학교 글쓰기 2~3학년 ❶
겪은 일 쓰기

초판 1쇄 발행 2024년 8월 15일	주소 04004 서울특별시 마포구 월드컵로12길 7	• 이 책 내용의 일부 또는 전부를 재사용하려면 반드시 저작권자와 ㈜창비교육 양측의 동의를 받아야 합니다.
지은이 최영환 이수희 이선숙 문경은	전화 1833-7247	• 책값은 뒤표지에 표시되어 있습니다.
펴낸이 김종곤	팩스 영업 070-4838-4938	• KC마크는 이 제품이 공통안전기준에 적합하였음을 의미합니다.
편집 서영희 박민정	편집 02-6949-0953	• 사용 연령: 6세 이상
디자인 말리북	홈페이지 www.changbiedu.com	• 종이에 베이거나 긁히지 않도록 주의하세요.
펴낸곳 ㈜창비교육	전자우편 contents@changbi.com	
등록 2014년 6월 20일 제2014-000183호	ⓒ 최영환 이수희 이선숙 문경은 2024	
제조국 대한민국	ISBN 979-11-6570-264-9 74700	